乡贤文化丛书

乡贤文化丛书

孝友传家教泽长

——北方儒宗孙奇逢

卫绍生 廉朴 主编

李留文 著

中原出版传媒集团
中原传媒股份公司

大象出版社
·郑州·

图书在版编目(CIP)数据

孝友传家教泽长 : 北方儒宗孙奇逢 / 李留文
著.— 郑州 : 大象出版社, 2018. 8
(乡贤文化丛书 / 卫绍生, 廉朴主编. 第一辑)
ISBN 978-7-5347-9778-1

Ⅰ. ①孝… Ⅱ. ①李… Ⅲ. ①孙奇逢 (1584-1675)
—生平事迹 Ⅳ. ①B248. 99

中国版本图书馆 CIP 数据核字(2018)第 074913 号

乡贤文化丛书
卫绍生 廉朴 主编
XIAOYOU CHUANJIA JIAOZE CHANG
孝友传家教泽长
——北方儒宗孙奇逢
李留文 著

出 版 人 王刘纯
总 策 划 郑强胜
责任编辑 李 丽
责任校对 安德华
装帧设计 王莉娟

出版发行 大象出版社(郑州市开元路 16 号 邮政编码 450044)
发行科 0371-63863551 总编室 0371-65597936
网 址 www.daxiang.cn
印 刷 洛阳和众印刷有限公司
经 销 各地新华书店经销
开 本 787mm×1092mm 1/16
印 张 12.25
字 数 150 千字
版 次 2018 年 8 月第 1 版 2018 年 8 月第 1 次印刷
定 价 30.00 元
若发现印、装质量问题,影响阅读,请与承印厂联系调换。
印厂地址 洛阳市高新区丰华路三号
邮政编码 471003 电话 0379-64606268

总序

“乡贤”，这一古老的称呼已经淡出人们的视野很久了。

党的十八大以来，乡贤重新进入人们的视野，成为人们热议的话题。中共中央、国务院2015年颁布的《关于加大改革创新力度加快农业现代化建设的若干意见》中明确指出，要“创新乡贤文化，弘扬善行义举，以乡情乡愁为纽带吸引和凝聚各方人士支持家乡建设，传承乡村文明”。在中共中央、国务院的文件里提到乡贤和乡贤文化，这应该是首次，它表明作为中国优秀传统文化重要组成部分的乡贤文化，既是传承乡村文明的重要内容，也是新时期农村文化建设的重要内容。但是，由于乡贤和乡贤文化淡出人们视线已久，在这一概念重新被提出来的时候，许多人并不明白什么是乡贤，什么是乡贤文化，更不知道如何传承和弘扬乡贤文化。鉴于此，有必要对乡贤称谓、乡贤之说的起源、乡贤对中国乡村的作用与意义、乡贤文化包含哪些内容等，作简要回答。

何谓乡贤？按照通常的解释，乡贤是指那些道德品行高尚同时又对乡村建设有过贡献的人。这里包含两个层面的意思：一是道德品行高尚，二是对家乡建设作出过贡献。但如果仅仅是道德品行高尚，满足于个人修身齐家、独善己身、洁身自好，很少关心乡里乡亲，很少对乡梓作出过贡献，那么，这样的人只能称为乡隐，而不能称为乡贤。乡贤既应是道德为人敬仰、行为堪称模范的人，更应是为家乡作出过一定贡献的人。不论是教书育人、传承文化、制定乡约、调解邻里矛盾，还是乐善好施、修桥铺路、接济乡人，举凡一切有益于乡里乡亲的事情，他们总是满腔热情，乐做善为。对乡村建设的贡献，是乡贤的必备条件。如果对家乡父老没有什么贡献可言，何以成为乡贤？看一看汉魏六朝出现的一些记述各地乡贤的著作，如《汝南先贤传》《陈留耆旧传》《襄阳耆旧记》《鲁国先贤传》《楚国先贤传》等，其中记载的各地乡贤，不仅在道德、学问、修养、名望等方面为人称颂，成为时人敬仰的楷模，而且都是对家乡作出过贡献的人。他们能入各种乡贤传，绝非浪得虚名。

乡贤之说起源于何时？乡贤很早就存在于中国的乡村，但乡贤之说却是在东汉中后期才逐渐流行起来的。东汉中后期，随着一些世家大族的崛起，各个郡国都热衷于撰写乡贤传记，表彰那些曾经为当地经济、社会、文化发展作出过贡献的贤人雅士。东汉以后，世家大族成为维持中国乡村社会稳定的重要力量，涌现出许多被后人称为乡贤的人物，他们对当时的社会，乃至对中国历史文化都产生了重要影响。作为乡村精英的乡贤，在乡村治理、乡村教育等方面可补政府治理之不足，发挥了政府无法起到的重要作用。一些人看到了乡贤对社会发展的积极作用，把所属郡国那些有影响的人物事迹记录下来，于是出现了所谓的“郡书”。唐代史学家刘知幾在谈到这类著作时说：“郡书者，矜其乡贤，美其邦族，施于本国，颇得流行；置于他方，罕闻爱异。其有如常璩之详审，刘昞之该博，而能传诸不朽、见美来裔者，盖无几焉。”（刘知幾：《史通》卷十《内篇·杂述》）刘知幾是较早关注到乡贤类著作的史学家，他认为，乡贤类著作都是“矜其乡贤，美其邦族”，因而在当地比较流行，而到了其他地方，知道的人就很少了。在谈到东汉史书繁盛的原因时，刘知幾再次提到了乡贤：“降及东京，作者弥众。至如名邦大都，地富才良，高门甲族，代多髦俊。邑老乡贤，竞为别录。家牒宗谱，各成私传。于是笔削所采，闻见益多。此中兴之史，所以又广于《前汉》也。”（刘知幾：《史通》卷九《内篇·烦省》）刘知幾虽然没有对乡贤作出解释，但他把“邑老乡贤”与“高门甲族”相提并论，表明他已经把“邑老乡贤”与“高门甲族”放在同一个层级上，充分肯定了“邑老乡贤”的历史地位与作用。

乡贤对中国乡村有怎样的作用与意义呢？乡贤在乡村建设中的作用是多方面的。他们不仅热衷于乡村治理和乡村教育，而且乐善好施、造福乡里。乡贤一般都是受过良好教育的人，他们是乡里有知识、有影响的人物，经济实力往往要比一般村民好一些。他们有能力也有意愿造福桑梓，所以常常在乡村建设上主动作为，只要是力所能及，他们一般不会推辞。在乡村治理方面，乡贤往往身兼管理者、参与者、协调者等多重角色，必要的时候，他们也可以发挥上情下达或下情上传的作用，成为联系乡亲和政府的桥梁与纽带。在调解邻里冲突和乡人矛盾上，他们不会以势压人，而是以理服人，注重多方协调和沟通，注重平衡各方利益。所以，在乡村治理方面，乡贤是农耕文明时期中国乡村社会稳定的重要因素。

在乡村教育方面，乡贤的作用更是不可小觑。乡贤大多是饱读诗书之人，他们深知文化知识对于人们的生存、生活、成长和发展至关重要，所以他们非常重视教育，尤其重视启蒙教育和家庭教育。他们中的许多人自觉地担负起教育自家子弟和乡里子弟的重任，有不少人开私塾，并兼任私塾先生。虽然有的人也接受一些“束脩”，但总体来说，义务教书的情况较为常见。他们是乡村的“先生”，是传授文化知识的人，是教人向善的人。在善行义举方面，乡贤更是乐善好施的代名词。他们愿意帮助别人，勇于助困济人，乐于接济生活困难的乡亲。如东汉末年颍川郡著名乡贤陈寔，道德高尚，知书达理，处事公正，待人公平，为乡里所推重。乡里发生了纠纷，人们不去求官府，而是去找陈寔，请求他明断是非。只要是陈寔评的理、判的是非曲直，人们都欣然接受，没有什么怨言，以至于乡人都说：“宁为刑罚所加，不为陈君所短。”陈寔还乐善好施，遇上灾年的时候，乡亲们缺吃少穿，他就接济他们。大灾之年，陈寔的善举不仅挽救了那些一时糊涂的人，而且教化了乡党，纯洁了世风。当然，更多的乡贤是靠他们的智慧和财富造福乡里，为乡亲做好事，譬如常见的修桥铺路、接济穷困等助人为乐之事。在乡村治理结构尚不完备的中国传统社会，乡贤在文化教育、乡村治理、乡村建设等方面，都起到了政府所起不到的作用。他们是中国传统乡村超稳定结构的基石，也是推动乡村发展的动力。

对于乡贤，我们应该历史地来看，既要看到他们在乡村文化教育、乡村治理、乡村建设等方面的积极作用，也要看到他们对中国传统乡村超稳定结构的固化作用。乡村是农业社会的基础，也是各级政权的基础。但是，在中国传统社会，权力不下郡县，县级政权成为封建社会的基层政权，县令或县长通常都是七品官甚至是从七品官，县丞、县尉的级别就更低了。国家行政机构设置到县级，县以下是乡和里。乡和里的治理则借重民间力量，乡长和里长大多是由当地德高望重的长者或望族的族长担任，他们没有官位，不吃皇粮，不领俸禄，只是负责维持当地的秩序，帮助地方政府做一些诸如征收税赋、摊派徭役、管理户籍、教化民众之类的事情。但在乡村治理及文化教育等方面，乡长、里长则常常要借重乡贤的力量，因为乡贤有文化、有见识、有影响力，甚至还有财力。当乡贤与乡里管理者相向而行、勠力同心的时候，乡里就会稳定，乡村治理就比较顺畅。这个时候，乡贤的作用就得到了充分发挥。乡贤在某种意义上成了乡村治理的标杆，成为乡人敬仰和追慕的对象。但是，由于乡贤所受的教育不同，他们的理想、信念、追求也各有差异，因此，他们中的许多人不愿意与当权者同流合污，更看不惯权豪势要欺辱压榨百姓，往往是特立独行者和孤独求道者，但他们依然坚持用自己的方式服务乡里，造福百姓。如许劭主持汝南“月旦评”，大力奖掖和提携汝南才俊，评点天下名士，成为汉末继郭泰之后的清议领袖。他不应朝廷征辟，谢绝高官厚禄，以“局外人”的身份品评人物，客观公正，令人信服。又如吃尽文盲苦头的武训，穷且益坚，不坠青云之志，行乞办学，创办崇贤义塾，让那些读不起书的孩子进学堂读书，更让人肃然起敬。再如晚清职业慈善家余治，一生清贫，却四处呐喊，奔走于大江南北，劝人行善，宣传忠孝节义，成立各种慈善机构，移风易俗，救济孤贫，而且创立戏班，编写剧本，以戏曲劝善，被人誉为“江南大善人”。他们以各自的方式感染着世人，固化着中国乡村的超稳定结构，使中国乡村这个自秦汉以来政府行政权力鞭长莫及之地，成为乡绅乡贤的表演舞台。在当代作家陈忠实的长篇小说《白鹿原》中，从白嘉轩、鹿子霖和冷先生等人物身上，读者依稀看到了久违的乡贤形象，所以有评论者指出，《白鹿原》就是在寻找失去的乡贤。这样的评论虽然不无偏颇，却也道出了小说的文化追求。

乡贤是乡贤文化的创造者和实践者，从他们身上，人们可以看到传统乡贤文化在乡村建设、乡村治理、文化教育、乡土认同等方面发挥的重要作用。所以，从中国古代一直到近现代，许多乡村都建有乡贤祠，用以供奉和祭奠那些为乡村建设作出贡献的乡贤们，展示各地不同的乡贤文化。

乡贤文化是由乡贤及其乡人共同创造的，是中华优秀传统文化的重要组成部分。它作为一种文化形态，对中国古代的乡村治理，对家国文化的认同，对乡村社会的维系，对农业文明的传承，对宗族文化的延续，对乡村文明的弘扬，都具有重要的文化价值。在传承发展中华优秀传统文化的当下，创新乡贤文化，就应在进一步明确乡贤文化的历史文化价值与当代意义的前提下，深入发掘乡贤文化的内在价值和积极作用。具体来讲，就是要注重发掘乡贤文化对家国认同、乡村治理、乡村教育、乡村建设、乡村文明传承等方面的深层文化内涵，通过一个个乡贤人物，阐释乡贤文化的重要价值，梳理乡贤文化的积极意义，探索乡贤文化的传承创新路径。譬如家国认同，首先是基于对家族和家乡的认同。乡贤作为当地的贤者，不仅具有很强的凝聚力，而且还常常让乡党引以为豪，人们不论处于多么遥远的地方，只要说起共有的乡贤，就会立即引起强烈的共鸣，自然而然地拉近了人们之间的情感距离，从而形成对家族和家乡的认同。从这个意义上说，乡贤是家乡认同的标志性人物，也是促进家国认同的情感纽带。

乡贤文化对传承发展乡村文明，对当代乡村文化建设，对提升文化自觉、树立文化自信，对实现中华民族伟大复兴的中国梦，都具有积极意义。在大力弘扬传承发展中华优秀传统文化的当下，挖掘乡贤文化的丰富内涵，梳理乡贤文化的历史脉络，发掘乡贤文化的价值意义，进而创新乡贤文化，建设新乡贤文化，是传承发展中华优秀传统文化的内在要求，是提升文化自觉、树立文化自信的内在要求，也是实现中华民族伟大复兴的中国梦的内在要求。

为此，我们组织编纂了这套“乡贤文化丛书”，把自东汉以来的历代乡贤进行梳理，系统展示乡贤、乡贤文化的历史风貌和文化价值，以期让广大读者对优秀传统文化中的乡贤和乡贤文化有更多的了解，对乡贤文化的历史作用和当代价值有更多的认知，共同为创新乡贤文化、建设新乡贤文化作出应有的贡献。

“乡贤文化丛书”第一辑，我们精选了10位在中国历史上有一定影响的各地乡贤，他们不论在教书育人、修身齐家，还是在乡村治理、乡村建设、慈善赈济等方面均作出了一定贡献，成为人们传颂的典范楷模。在本辑编写过程中，每位作者均对自己承担的人物有一定研究，但因作者较多，行文风格各异，难免会出现一些不尽如人意之处，不妥之处，尚祈读者批评。

卫绍生　廉　朴

2018年5月20日

目　录

引 言

清顺治二年（1645）三月的一天，畿辅大地乍暖还寒。虽然人们隐隐地感觉到春天的脚步越来越近，但时下仍然春寒料峭，光秃秃的树木偎依在残垣断壁之间，似乎在刻意寻求庇护；伸向天空的枝丫似乎有些蜷缩，在寒风中瑟瑟发抖，好像仍然笼罩在刚刚经历过的那场刀光剑影、尸横遍野的残杀的恐怖之中。广袤的田野中，偶尔可以见到无人收瘗的尸骨，令人毛骨悚然。

在容城县北城村，却有了一丝的喜庆。一帮衙役穿红挂绿，在乡约里长的带领下走进北城村。前面一个头领模样的人骑着高头大马，后面几个人抬着一顶小轿，再后面是吹鼓乐队，嘀嘀嗒嗒，鼓乐齐鸣，好不热闹。村子的街道上站满了三乡五里过来看热闹的村民。这帮衙役最后停在了一家的大门前。再看这家，院子虽有几进深，房子却都是土坯砌墙，茅草覆顶，不见片瓦。院内整洁，几株梅树奇崛向上，花瓣虽已枯萎，却仍然挂在枝头，似乎在有意显示主人高洁的品格。这时，早有人进去报信：接到朝廷谕旨，要请这家的主人孙奇逢赴京做官。据说是朝中从四品大员国子监祭酒薛所蕴向朝廷举荐他，愿意把国子监祭酒这一职位让与孙奇逢。他在奏疏中说："以臣谫陋，滥竽司成，心窃愧之。访得保定府容城县举人孙奇逢，以庚子贤书隐居教授四十余年，学深稽古，志切希贤，淡泊宁静，绝意仕进，远迩之士闻风矜式，特下弓旌征聘出山，以长成均，师道立而善人多，其庶几乎？”然而，无论这帮衙役如何劝说，乡约里长怎么帮腔，孙奇逢铁了心肠，不为所动，坚辞不出。最后，无可奈何的衙役们只好打道回府，不过令他们高兴的是，每个人都收到了一笔几文铜钱的小费。

孙奇逢被举荐出来做官不是一次两次了，早在明崇祯三年（1630）就有巡按御史黄鹤龄疏请征聘，之后大明朝廷屡有征聘。入清之后，巡按御史柳寅东以地方人才荐，兵部侍郎刘余佑以举知荐，国子监祭酒薛所蕴以让贤荐。每一次，孙奇逢都婉言谢绝，高蹈不仕。在那个以仕进做官作为光宗耀祖、实现人生价值的必由之路的时代，孙奇逢却不为所动，他是何许人也？

三十年后，孙奇逢寿终正寝，在辉县夏峰村去世，享年九十二岁。离世之时，子孙曾玄三十多人，及门弟子五十多人，哭声一片。得知他去世的消息，远近几百里内，上至卫辉府、辉县地方官员，附近各县士绅，下至农人工匠、樵夫负贩，纷纷前来吊唁，哀声震动天地。有一个叫靳暗然的官员从安平而来，在灵前哭诉，说自己一直仰慕先生高德，希望能够当面请益，只是为公务羁縻，不得称弟子，说着说着，泪水沾湿了衣襟。李炼庵多年来一直与夏峰先生书信往来，请益很多，但从未谋面，如今虽来夏峰，不能得见先生，拜像长号，人人感泣。孙奇逢受到社会各界的如此尊重，他是何许人也?

孙奇逢去世的当年，卫辉府所属汲县、辉县、获嘉、新乡、胙城、淇县等六县士绅合词呈请河南提学副使，请求奉祀孙奇逢于苏门山下的百泉书院。苏门山、百泉湖，钟灵毓秀，孙登、邵雍、姚枢、许衡先后在此隐居讲学，是北方重要的文化高地之一。在申请获得批准后，先是大兴土木，重修书院，然后地方官绅、六邑士绅齐集一堂，美轮美奂的百泉书院内，香烟缭绕，鼓乐阵阵，孙奇逢像的奉祀仪式盛大而庄重。庄严的圣殿内，中间供奉着至圣先师孔子，两边，孙奇逢与周敦颐、程颐、邵雍、张载、司马光、朱熹、张栻、许衡等人的像并列，享受香火祭祀。

紧接着，孙奇逢的像入祀辉县先贤祠，弟子汤斌又在夏峰村创修孙征君祠，河南提学副使为该祠题写匾额：有功名教。容城士绅请祀乡贤祠，又创建三贤祠，奉祀孙奇逢和刘因、杨继盛。保定士绅呈请孙奇逢同孙承宗、鹿善继同祀府学。大河南北孙奇逢的祭祀体系很快建立起来，每年春秋令节，官府具猪羊等祭品举行庄严的祭祀仪式。

之后，孙奇逢的声望进一步提升。河南巡抚徐潮檄令辉县知县尹烈在百泉书院附近辟地创建供奉孙奇逢的专祠，康熙四十四年（1705）落成，“大门一间，享堂三间，正庭三间，寝堂三间”，取名“孙征君祠”，以弟子汤斌、耿介、耿极、王余佑配享，每年春秋、官府致祭。道光六年（1826），河南巡抚程祖洛又加以重修，并专为寝堂题写了匾额：一堂正气。道光八年（1828），孙奇逢正式进入国家最高的圣贤祭祀场所——孔庙。孙奇逢不过是一介布衣，去世后却享受如此的供奉，他是何许人也？

孙奇逢画像

其实，他不过是一介书生，一位举人。他一生贫穷困苦，颠沛流离，却气节相尚，道统自任，高举孔孟的旗帜，播撒圣学的种子，著作等身，桃李盈门，最终成为北方一代宗师，在中国历史长河中树立起一座丰碑，为后世提供了宝贵的精神财富。让我们走进他的世界，去领悟他的精神。

孙奇逢，字启泰，号钟元，因晚年迁居辉县夏峰村，被称为“夏峰先生”，因为明、清两代屡次被朝廷征聘而拒绝出仕，又被尊称为“孙征君”。万历十二年（1584），他出生于保定府容城县一个小仕宦家庭。祖、父清慎宽和，笃信程朱，孝友传家，尤为重视子弟教育，形成了浓厚的书香传世的家风。孙奇逢的一生可以分为少年读书科举、为父母庐墓六年、直隶各地教授生徒及暮年南迁四个时期。他生逢乱世，颠沛流离，尤其是背井离乡、南徙苏门的途中，一家数十口人，无米下锅，以野菜充饥，贫困不堪。然而无论漂泊何处，无论条件多么艰苦，他都广收门徒，诲人不倦。他早年豪侠自任，营救东林，率众守御，充盈燕赵慷慨侠义之风。晚年浸润儒学，出入程、朱、陆、王之间，孜孜不倦，以道统自任，高举理学旗帜，终成一代大儒。

一、生于燕赵读书家

孙奇逢家族的历史可以上溯至明初。与保定府民间普遍流行的有关始祖来历的说法一致，孙氏始祖也是明成祖永乐年间奉诏从小兴州（今属河北承德）内迁的山后移民。根据孙氏家谱资料，孙氏先人内迁后定居在容城县北十里之贾家庄，传六世，至七世孙廷宝始迁北城村。孙氏前六代“代乏闻人，桑土绸缪”，应该都是耕田纳税的普通百姓。

孙廷宝的迁移为孙氏家族命运带来了转机。迁至北城后不久，孙臣出生，他是孙奇逢的祖父，是孙氏第一位步入仕途的人。孙臣十六岁入县学，踏入基层士绅的行列。数年后，父亲孙廷宝去世，孙臣耕田耘地，赡养老母，哺育众子，整个家庭的重担都落在了他的肩上。虽然如此，他仍然在忙完一天的农活后挑灯苦读，孜孜不倦。所以每次县学考试都名列前茅，很快升为廪膳生，声名随之鹊起，执经问业的弟子也陆续而来，孙氏家境逐渐有所改善。但孙臣的科举之途并不顺利，他屡次参加乡试考试，均名落孙山。对此，孙氏后人的解释是其文风与当时的时尚相左。正德、嘉靖年间整个知识界“文尚繁缛”，但孙臣文风“简切理要”，所以总是不能如愿。至嘉靖四十年（1561）才勉强列名副榜，以副贡入闱，获得了入仕的资格。不久，他获得朝廷的任命，出任淮南沭阳知县。

孙臣的仕途并不顺利。在沭阳，他因不善于催科，不能按时完成朝廷赋役征收任务，被人告到淮南知府那里，结果受到处罚，贬官至“辽东行太仆寺簿”。辽东乃苦寒之地，人人视为畏途。在辽东，他管理卫所马政，兼理盐政，颇得上司肯定。三年后，升任河东盐运司判，来到了山西。但河东的仕途再次运交华盖，尽管他尽心尽力，但不久还是左迁，贬官至秦王府审理。明代的诸侯王多骄横不法，做王府食客，低声下气，绝非易事。于是，孙臣决定告别仕途，归老乡里，之后林居六年而卒。

作为家族中首位出仕者，孙臣留给了后人一笔宝贵的精神财富，那就是他的耿介清廉和仁爱善良。在沭阳知县任上，曾有一位老于世故的沭阳儒官向他讲三面待人之法：“入家一面，临民一面，见宾一面，乃可以游于官而托于世。”孙臣当面驳斥：“我以至诚待人，平生只此一面，如何能三面待人？”结果得罪了人家，后来在知府面前说他坏话的就是这位县学教谕。孙臣做官廉洁，用孙奇逢的话来说叫“明月一肩，清风入袖”，孙臣在世时反复强调的一句话是：“做官要钱，无非为子孙计。不知一要钱，而子孙微矣。”果然，他的清廉给孙氏家族带来满堂的儿孙。孙臣共六个儿子，十八个孙子，三十九个曾孙，孙氏崛起于北城村，成为当地大族。孙臣待人友善，和睦乡里，乡人无论贵贱，从不怠慢。乡里有个喝醉的人砸坏了孙氏大门，事后托人道歉，孙臣毫不介意。邻里有异姓刘廷林者，父母双亡，孤苦无依，孙臣把他带到任所，抚养成人，视如己子。所以他赢得了邻里乡民的敬仰和尊重，人人称他“孙佛儿”。他的耿介清廉和仁爱善良是珍贵的精神财富，一直熏陶着孙氏后人，滋润着这个家族。

容城北城村孙奇逢后人重建的孝友堂

孙臣的第四子叫孙丕振，即孙奇逢的父亲。孙丕振的功名止于生员，他把更多的精力投入到家务上来，孙奇逢说：“于维我考，是谓克家。”“克家”就是承担家务的意思。孙奇逢同时讲道：“兄弟异乳，门内多哗。考心用伤，动忍靡加。”从这短短的十六个字可以知道，孙氏六兄弟之间有过尖锐的矛盾。孙臣有两位妻子，前妻李夫人育有三子：丕显为生员，丕承、丕训为武生，续娶杨夫人育有三子：丕振、丕绪、丕基皆为生员。兄弟六人同父异母，易生嫌隙。此事使孙丕振伤心不已，他努力地调停于其间，化解矛盾，和睦兄弟，最后做到了兄弟友爱，“携手同车”。

在父辈中，孙奇逢特别仰慕、尊敬他最小的叔叔孙丕基，孙丕基曾出任彰德府儒学训导。孙奇逢说他讷讷有古圣人风，不随世俗上下，唯一心向学，孜孜不倦，“下董生之帷，守原宪之贫”，安贫乐道。孙奇逢曾随这位叔父学习，从而坚定了学为圣贤的志向。

二、乱世磨砺成圣贤

孙奇逢生活在明清易代时期，烽火遍地，刀光剑影，他的一生充满坎坷；他手不释卷，孜孜不倦，以圣贤相期许；他躬行实践，由功名仅止于孝廉的一介书生而终成为清初三大儒之一的儒学宗师，他的一生令人高山仰止。

孙奇逢生于明万历十二年（1584）十二月十四日，逝于清康熙十四年（1675）四月二十一日，享年九十二岁。纵观他的一生行止，大体上可以分为如下四个阶段。

（一）少年读书科举

孙奇逢出生在一个由数代农耕而上升为书册溢香的大家庭里。祖、父辈因读书而仕进，砥砺名行，孝友传家，逐渐形成良好的家风。同时，他们刚刚踏进仕宦的门槛，即便出仕也是下层官员，距离高官显宦尚有很大距离，所以又有着一种紧迫感，对子弟的教育尤为急迫。孙奇逢兄弟四人均受到良好的教育。他的长兄孙奇儒、二兄孙奇遇均为县学生员，他的弟弟孙奇彦天启元年（1621）恩贡，获得出仕机会，出任山东武城知县。

孙奇逢幼时“能言甚迟”，似乎不是个聪明的孩子，但学会说话的时候已经能够认识一些简单的文字了，说明父母的家庭教育是抓得很紧的。等他长到七岁，正式投到蒙师邑庠生槐正华门下读书，后又从邑庠生张公鉴学。万历二十五年（1597），孙奇逢考入县学，成为一名县学生员，这一年他才十四岁。两年后，由于成绩优秀，他升为廪膳生员。万历二十八年（1600），十七岁的孙奇逢在京兆乡试中金榜题名，成为举人，此可谓少年得志。孙奇逢一时声名鹊起，乡里皆以神童视之，似乎掇青拾紫，功名唾手可得。

此时的孙奇逢也对未来充满自信和憧憬，青灯黄卷，刻苦攻读。父亲为儿子功名计，命孙奇逢随自己的弟弟孙丕基读书，自己则把弟弟家里的一切家务全部承担起来，这样能够让弟弟不为家务所烦扰，一心辅导自己的儿子猎取功名。一家人对于未来充满了希望，期盼着那就在前方不远处等着孙奇逢去拾取的进士功名。

万历三十二年（1604）初春，雄心勃勃的孙奇逢踏上了通往北京的官道，去参加当年的会试。然而，这一次他失利了。不过，没有关系，孙奇逢毕竟才二十一岁，前面的路还长着呢，机会有的是，只要努力，考取进士，步入仕途，只是早晚的事情。但是，接下来发生的事情一下子改变了孙奇逢的命运。

（二）为父母庐墓六年

万历三十三年（1605）六月八日，孙奇逢的父亲“患心痛卒”。父亲的去世是天大的事情，孙奇逢必须一心居丧守孝，暂时放弃北京的会试。

丧礼是古代五礼之一，人生中非常重要的礼仪，如何办理父亲的丧事成为摆在孙奇逢兄弟面前的大事。

孙氏三代书香，祖父谨守程朱遗教，父亲品行高洁，德高望重，多次受邀为乡饮酒礼的嘉宾，这样的家风对孙奇逢兄弟产生了巨大影响。还在十四岁的时候，父亲带他过访杨补庭先生。杨补庭是因弹劾严嵩而被迫害致死的杨继盛的儿子，同时孙奇逢的祖母是杨家的闺女，双方有着非常亲密的姻亲关系。杨补庭向他提出了一个问题："假如你所在城邑被敌军围困，内无粮草外无救兵，该当如何？"孙奇逢应声说："效死勿去。"杨补庭欣慰地说："这就可以预见这孩子一生的行事为人了。"十七岁中举的时候，孙奇逢的房师韦石麟在其试卷上的批语是"疾徐丰约，一准程朱"。可见，少年时期孙奇逢已经表现出强烈的理学倾向。

面对父亲的丧事，孙奇逢兄弟决心摒弃流俗，佛道仪式一律不用，按照儒家经典《周礼》所记载，以程朱等权威理学家所阐释的古礼来办理。这在当地产生了很大影响。丧事完毕后，孙奇逢兄弟四人开始为亡父庐墓守孝。他们在父亲坟前横筑一室，门上悬挂匾额"栖神堂"，中立亡父的灵位，旁边陈列父亲生前的衣冠、阅读的书籍。在栖神堂的东南侧又修建草屋四间，茅草覆顶，篱笆涂以泥巴就是四壁了。四间草屋一为招待唁客之用，一为储藏家礼、经史子集等图书之用，剩余两间为兄弟四人食宿之用。每天早晚焚香祭拜，遇嘉晨令节，则焚香楮，奠椒浆，哭踊而祭。余暇则兄弟四人诵读诗书，切磋学问。

父亲去世后的几年是孙家的多事之秋。在孙奇逢为父庐墓守孝期间，慈爱的祖母也离开了人世。祖母杨氏是杨继盛的再从侄女，杨继盛凛凛风骨，辉耀后人。这使孙奇逢常常因与杨继盛的血缘关系而引以为豪，也常常以此来砥砺名节。

孙奇逢为父守墓三年，万历三十五年（1607）九月守丧期满。然而，紧接着第二年就是慈母陈孺人的离世。母亲常年患病，身体不好，但对婆婆非常孝顺，处妯娌友爱如姊妹，十里八乡都啧啧称善；同时，相夫教子，家政井然。母亲的去世使孙奇逢陷入深深的悲痛之中。在母亲的丧礼过后，又在父母合葬墓旁庐墓而居，一直到万历三十九年（1611）的春正月。

从万历三十三年（1605）到万历三十九年，孙奇逢兄弟前后为父母庐墓六年。这六年的时间是孙奇逢一生中非常重要的时期，对他一生产生了重大影响，这种影响主要表现在以下两个方面。

首先，他对功名的热情冷淡了很多，而圣贤之志越来越强烈。以前虽熟读圣经贤传，也深受父祖家风影响，但那更多的是停留在口头、笔头上，停留在知识层面，并未深深融入身心性命之中。庐墓六年，孙奇逢暂时放弃了科举考试，暂时离开了功名利禄，完全投入到道德实践之中。严寒盛暑，风雪雷电，两千多个日日夜夜，天天祭拜，遥想当年虞舜的孝感动天地，近思自己对于父亲深深的感情，在数千年的华夏文化长河中感悟着忠孝，感悟着圣道。孙家本非大户，父亲的丧事花费不少，兄弟四人又庐墓守孝，不事生产，仅靠田地的收入难以维持一个大家庭的生计，时常到无米下锅的地步，但孙氏兄弟并不介意，在父亲坟前讲求礼仪，诵读经典，于贫寒困苦中体验圣贤之道。孙奇逢远离了尘世的喧嚣，远离了功名利禄，一下子进入了对圣学的体验之中，物我两忘，完全融入天理之中，尝到了圣道的甘甜。孙奇逢谈到这一段的经历时说："少年妄意功名，自两亲见背，此念顿灰。与鹿伯顺为友，初以名节相砥砺，未免走入气质之偏处，黯然一念，自证生人面目，其实从哀恸、穷苦中得来。"

如果不是六年的守孝，孙奇逢很可能会试题名，高中进士，掇青拾紫。六年的守孝可能使孙家少了一个可以光耀门庭的高官，但却成就了一位圣贤，成就了一位影响至深至远的一代大儒。

其次，庐墓六年为孙奇逢赢得了社会的尊重和赞誉，极大地提高了他的知名度。从明初开始，理学上升为官方意识形态，忠孝礼义、三纲五常成为官方所倡导、为社会所普遍接受的价值观念，然而，明清时期真正像汉代人那样为父母庐墓守孝的情况并不多见，即便是朝廷丁忧的高官，也很少有那样做的。孙氏四兄弟的六年庐墓守孝，一时间引起当地社会的注意，人人高其行宜。在孙奇逢庐墓期间，鹿善继常常过往吊唁，鹿善继敬佩他高洁的品行，赋诗相赠：

横襟东海揖郎山，中有一庐无愧颜。
毁后仅余眉宇在，愁来惟把蓼莪删。
地当赵北燕南际，人跨椒山梦骥间。
客子语言忽可味，细询知自见君还。

官至兵部尚书的孙承宗有长诗《赠孙孝廉启泰》：

容城城坳大如斗，今古贤豪萃作薮。
静修之修忠愍忠，撑柱乾坤万不朽。
行天日月地江河，出奉君王入父母。
孝廉崛起两豪乡，手握天常为世纽。
黄金台上已知名，高堂舞彩歌曼寿。
一朝风雨下庭帏，大椿零落萱花剖。
夜台长夜寂无人，忍见野林狐兔走。
九原日忆念儿心，六载枕苫相与守。
诸妇同集一亩宫，优龙劣虎声如嗎。
蓼莪有句不成读，黄土一抔泪为阜。
紫荆花烂雨盈襟，鸿雁影联月在牖。
陇笛咽塞几断肠，夜乌泣云空翘首。
我亲亦未尝君食，帝书日月悬培塿。
感君兄弟倍心酸，孝子忠臣天并久。
君家兄弟远相传，亭亭玉树师且友。
能与朝廷生异人，应得异朝还报厚。

鹿善继和孙承宗在赠诗中都提到了容城的两位先贤——刘因和杨继

盛，都把孙奇逢提到可以和这两位风骨铮铮的先贤相并列的高度。

孙氏兄弟庐墓守孝的孝行也引起官府的注意。提学御史李蕃把这件事向朝廷作了详细的报告，朝廷特批在容城为孙氏兄弟修建牌坊，以表彰他们的孝行。孙奇逢孝友的名声进一步扩大。

（三）直隶各地教授生徒

孙奇逢守孝期满后，功名进取之心即淡，加之父母亡故，家道衰落，作为已经二十八岁的当家人，他需要养家糊口，所以也就开始了一生的事业——授徒讲学。从明万历三十九年（1611）至清顺治六年（1649）南迁止，这一段时期孙奇逢辗转于京师和容城、易县、定兴、新安等地教授生徒，因为都在北直隶，所以我们把此三十八年称为直隶各地教授生徒时期。这三十八年又可以分为如下三个阶段。

1. 设教京师，结识东林党人

孙奇逢为父母庐墓六年的孝行赢得了社会的广泛尊重。万历三十九年（1611）春孙奇逢为母亲守孝三年期满，当年秋天，就收到时任兵部员外郎的杜诗的邀请，到其家教授他的儿子。两年后，京师牛俊臣仰慕他的品行，敦请设馆于其家。不久，京城官员薛近洙、唐灼州、贾孔澜相约送子从孙奇逢受学。薛近洙，号孔泉，万历年间进士，他的儿子薛凤祚是清初大名鼎鼎的学者、天文学家、水利专家。薛凤祚此时随孙奇逢读书，两人结下了深厚的师生情谊，后来孙奇逢移家百泉，薛凤祚还不远千里赴百泉探望老师。

这个时候，好友鹿善继赴京赶考，两人在京师见面，他乡遇故知，孙奇逢非常高兴。也是在这次会试中，鹿善继金榜题名，考上了进士。鹿善继，定兴人，其家乡江村距离孙奇逢的家乡仅有三十里的路程。早在孙奇逢十四岁进学成秀才、声名鹊起的时候，二十三岁的鹿善继就曾登门拜访，从此订交，开始了两人一生的友谊。两个人切磋学问，砥砺名节，可以说，鹿善继是对孙奇逢影响最大的人。鹿善继的祖父鹿久征是万历八年（1580）的进士，曾经受命巡按苏松。以苏松为中心的江南地区是王学传播的重镇，黄宗羲在《明儒学案》中专列“南中王门学案”一节，讲述黄省曾、朱得之、唐顺之、徐阶等王学后人的行止、学术。鹿善继的祖父为官此地，受到王学很深的影响。他从江南为鹿善继购买了很多王门学者的著述，其中最重要的当属《王文成公全书》。对于此书，鹿善继喜之不胜，日夜诵读，深思有得，不禁手之舞之，足之蹈之。这次京师相会，鹿善继把自己日日诵读的王阳明《传习录》介绍给孙奇逢。孙奇逢不读便罢，一读则“跃然有得，自是寝食其中焉”。因为虽然之前孙奇逢谨守程朱绳墨，但一直重视道德的实践，六年庐墓的经历正是他儒学道德实践的结果。他的这种感性的思想一旦遇到王阳明的“知行合一”之说，心有默契，怦然而动，顿觉醍醐灌顶，自己尊德性的倾向一下子提高到一个新的境界。从此，孙奇逢走上了一条偏向王学、调和朱陆的学术道路。

孙奇逢重视交友，一生视朋友为性命。京师设教的六年里，孙奇逢不但与鹿善继重叙友谊，谈论学问，而且结交了很多正直的朋友，其中不少是通过鹿善继而论定终生友谊的。重要的有如下几位：

曹于汴，字贞予，山西安邑人，万历二十年（1592）进士，以正学自任，遇事敢言。同孙奇逢谈论“仁体”之学，对孙奇逢多有引导。

周顺昌，子景文，苏州吴县人，万历四十一年（1613）与鹿善继同榜进士。孙奇逢因鹿善继的介绍而与其相识。他们共同谈论起孙奇逢家乡的忠烈杨继盛，周顺昌表达了对杨继盛的崇敬之情，孙奇逢深为感动，说：“忠愍公（杨继盛的谥号）是嘉靖朝的忠谏第一人，当朝您也一定是忠谏第一人，不会甘做第二人。”在旁边的鹿善继随口吟诗一首，其中有“寰中第二非吾事，好向椒山句里寻”，是鹿善继对周顺昌的嘉许，也是他自己吟诗明志，表达自己的志向。后周顺昌受到魏忠贤的迫害而被拷掠致死。

周起元，字仲先，号绵贞，福建海澄人，万历二十九年（1601）进士。孙奇逢寓京设教期间，周起元敬佩孙奇逢的忠孝与侠义，常常过访，两人相谈甚欢。周起元耿介正直，敢作敢为，后死于魏忠贤阉党的迫害。

孙奇逢寓居京师的六年正是朝廷政治斗争日趋激烈的时期，京察大计中党争不断，“梃击案”“红丸案”“移宫案”等诸多大案连续发生，看似平静的古都北京实则刀光剑影，暗流涌动。虽然孙奇逢无官无职，却在冷静地观察着这一切，物以类聚，人以群分，他敬佩那些正直敢言的官员，所以他所结交的曹于汴、周顺昌、周起元等也多是名节之士。

寓京期间，孙奇逢先后迎来了他的长子立雅、二子奏雅的出生，同时还同朝中官员贾鸿洙结为儿女亲家，以长女许配给他的门生、贾鸿洙的儿子贾尔霖。万历四十五年（1617），女儿出嫁在即，妻子槐氏一直病魔缠身，孙奇逢不得不离京返乡，结束了六年的京师生活。第二年，与自己甘苦与共的结发妻槐氏去世，年仅三十四岁。孙奇逢伤心不已，诔文有“氏知大体，能甘贫，吾妻实吾友”之语。

2. 教授乡里，参与政治斗争

孙奇逢离京归乡后，有李天笃、阎顾行、张泰阶等众多弟子从其学。孙臣曾在北城村附近的宝藏寺结社会友，至孙奇逢已历三代，宝藏文社的活动一直持续不断。孙奇逢常集子侄、弟子肄业其中。孙奇逢还专门为宝藏文社制定了社约：一曰立志，一曰知学，一曰改过，一曰求友，一曰虚己，一曰率真，一曰定操，一曰尚齿，一曰肃仪，一曰固盟。香烟袅袅、木鱼声声的寺院中常常传出阵阵的读书声，亦是盛事。崇祯三年（1630），鹿善继自京师辞官归里，授徒讲学，孙奇逢率领众子侄、弟子问学江村。鹿善继的高足张果中、杜越等人同时也向孙奇逢执贽问学。此后的数年里，附近各州县青年才俊负笈从学，北城、江村两地书声琅琅，成为北方儒学授受的中心之一。

讲学授徒的同时，孙奇逢时刻关心着朝廷局势。此时，一方面是朝廷内部势如水火的权力斗争，一方面是越来越严重的民变和来自东北的危机。在这种背景下，孙奇逢自然不能平静地与众弟子坐而论道，而是带领弟子、子侄积极参与到激烈的政治斗争之中，让他们在复杂的社会实践中经受风雨，习得真学问。

营救魏大中、左光斗等东林人士就是这一时期孙奇逢师徒参与的最为重要的政治斗争。

魏大中，字廓园，嘉善人，万历四十四年（1616）进士。孙奇逢离京归乡的第四年，魏大中访鹿善继于江村，遇孙奇逢，一见如故。鹿善继、魏大中、孙奇逢三人携手赴容城拜谒杨继盛祠，从此成为至交。

左光斗，字遗直，桐城人，万历三十五年（1607）进士。天启元年（1621），孙奇逢因鹿善继之约赴京，左光斗访之于寓所，遂订交。自此，两人心常戚戚焉。天启四年（1624），左光斗因得罪魏忠贤而去职，归乡途中，两人相会于白沟，挥泪而别。

第二年，缇骑四出，冤狱大起，左光斗、魏大中与杨涟等东林人士接连被捕，身陷囹圄。左光斗之弟光明、魏大中之子学洢踉跄来投。此时，故交亲友怕受到牵连，避之唯恐不及，而鹿善继之父鹿正和孙奇逢挺身而出，鼎力相助。当时鹿善继正在辅助孙承宗统兵榆关，朝廷倚为长城。于是孙奇逢修书孙承宗、鹿善继，请求出手相救。接到来信后，孙承宗和鹿善继谋划方略，计划以面陈辽东形势为由进京陛见，相机而动以清君侧。据说魏忠贤闻讯后惊慌失色，当夜与一帮亲信太监围着明熹宗哭泣哀求，最终说服明熹宗下令阻止了孙承宗的陛见。阉党对左光斗、魏大中等人拷掠惨烈，诬陷追赃。为此，孙奇逢协助鹿正召集众士绅醵金相助。在这场权力斗争中，孙奇逢得到了众弟子的鼎力帮助，孤灯之下与他相聚而谈、运筹帷幄的是他的弟子；在江村与京师、辽东之间匆匆奔走、传递信息的是他的弟子；慷慨解囊，为左光斗、魏大中捐款的也是他的众弟子。在险恶的斗争环境中，他的众弟子增长了智慧，更深刻理解了忠义之道，这是坐而论道、皓首穷经的读书方式所无法学到的知识。在这场权力斗争中，杨涟、左光斗、魏大中等东林人士无疑是站在道义高地的，魏忠贤、崔呈秀等阉党则因为窃取权柄、结党营私、陷害忠良而为人所不齿。孙奇逢、鹿正和张果中的冒死相助也因此获得了整个社会的赞誉，被誉为“范阳三烈士”。

3. 避难各地，弦诵不绝

面对战乱的威胁，孙奇逢率领子侄、弟子练习技击，操练队伍，余暇则诵读诗书，众弟子在血与火的斗争中经受锻炼。

崇祯九年（1636），清军兵临北京城下，畿辅惨遭蹂躏，很多城池陷落，尸横街衢，牛马财富被洗劫一空。孙奇逢举家入容城，随行者数百家，他组织人马，鼓舞士气，一边日夜筑城，一边加强守备。清军围攻七昼夜，容城军民拼死抵抗，最后竟然奇迹般地守住了城池，保住了一城百姓的生命和财产。容城守御成功后，孙奇逢意识到京畿地区可能会面临清军更猛烈的进攻，所以向容城知县建议整修城池，训练乡勇。但他的建议都被当成了耳旁风，不得已，孙奇逢只能另谋守御之道。经过细致的考察，距离容城一百七十里的易县五公山进入了他的视野。事情的发展果然如孙奇逢所预料，崇祯十一年（1638），清军发动了更为猛烈的入口之战，横扫直隶、山东州县，兵锋直达山东济南和河北邢台，督师卢象升血战殉国。孙奇逢率领宗族亲友和弟子来到五公山筑寨守御，闻讯前来相依者数百家，男女老少共有数千人之多。

五公山偏在一隅，易守难攻，相对安全。在那里，孙奇逢除了训练队伍之外，就是教授弟子。五公山南麓，有一个小村庄叫双峰村，孙奇逢就在此处搭建茅屋数楹，因陋就简，创建了双峰书院。每天除了练习技击，往往聚徒其间，讲论圣贤之道，讨论朝政时势，抑或登高望远，吟咏酬唱，赋诗述志。在刀光剑影、干戈扰攘、举世慌骇之际，五公山下却是一番诗书吟咏的和平景象。崇祯十二年（1639）正月初七，孙奇逢偕众巡视五公山地形，平时无暇顾及的雄奇景色映入眼帘，众人纷纷赋诗唱和。孙奇逢意气风发，吟有一诗：

十年回首几风尘，此地别生一样春。
海上云霞谁结伴？山中岁月此逢人。
梦酣书榻怜余老，剑舞曲坛爱尔真。
镇日竹园无俗事，柴门分手目光新。

孙奇逢的弟子当时汇集诸人吟咏诗歌为一册，题名为《扫盟余话》，茅元仪过访，为这个诗集写有序言。后来，《扫盟余话》散佚，不可复见，而茅元仪的《扫盟余话序》却保留了下来，使后人可以稍窥当年孙奇逢及其弟子、子侄在双峰习武诵读的激情岁月。

双峰书院虽然名曰书院，实际不过是茅屋数楹而已，随着孙奇逢和避难众人的离去，茅屋很快就坍塌朽坏了，但孙奇逢的双峰讲学却开启了当地的文脉，成为易县文化史上的一座丰碑。清顺治年间，孙奇逢的弟子王余佑回到了当年的讲学之地，重新搭起草屋，躬耕著述。王余佑是孙奇逢最重要的弟子之一，师生情谊深厚。孙奇逢在清初南下苏门的时候，王余佑相送，日息不分，走了一程又一程，依依不舍，徒步千里，一直到辉县苏门，方才返回。王余佑又是个交游很广的知名学者，定兴人杜越、祁州人刁包、博野人颜元都与他往来密切。所以王余佑隐居双峰村，对于易州文脉的延续起到了很大的作用。从此，一个小小的偏僻山村竟然获得了崇高的声誉，到清光绪七年（1881），顺天学政孙诒经又重修双峰书院，弘扬夏峰精神，延续圣贤文脉。

五公山的守御结束之后，清军退去，孙奇逢打算率领兄弟子侄返回容城家中。这时随从孙奇逢避难的弟子耿极、耿权兄弟二人坚请老师移居其家，并事先在其家乡定兴县百楼村为孙奇逢准备好别墅。于是孙奇逢移居百楼云鹤轩，设帐授徒。此时从学弟子更多了，因为是战乱时期，很多人是携家相从，数百口人聚集百楼村，祠堂、庙宇到处住的都是人。众弟子一边习武，一边诵读，声动远近数百里。当时形势极其混乱，北京朝廷岌岌可危，中原李自成势力如日中天，清军频繁扫荡畿辅，地方叛乱者往往聚众劫掠，远近村落都被焚掠一空。然而因为有孙奇逢带领的这个群体以资保障，百楼村安然无恙。

此后，一直到明朝灭亡，孙奇逢一行闻警即入五公山，警报解除后就回到百楼村，辗转于两地以为常。比如，崇祯十一年（1638）、崇祯十五年（1642）清军的两次入口之战，横扫畿辅，孙奇逢都在五公山率众守御，成为一方的保障。

顺治元年（1644），大清定鼎，孙奇逢回到了北城家中。但不久，京畿地区大片土地被满人圈占，孙奇逢的家园田产也在其中，家乡已不可居住。顺治三年（1646）三月，孙奇逢携家来到新安县城，住在当地士绅薛锦轩为其准备的别墅“云宿舍”。此时又有众多新的士人执贽称弟子，投奔到他的门下，其中就包括高鐈、魏一鳌、孙凤立等人。这时，孙奇逢还受到新安知县王家桢的盛情邀请，与当地乡绅高景纂修了《新安县志》。顺治六年（1649）十月，孙奇逢回到容城故园，为他的二哥孙奇遇办理丧事。之前，田园被圈占后，每天面对的是满人及其奴仆的骄横，他早有远去寻找乐土之志。然而他还是选择了暂居新安，没有远行是因为他一直牵挂着多病的二哥孙奇遇。二哥去世后，他在家乡再无牵挂。办完丧事后，他决定远离家园，寻找乐土。

从崇祯九年（1636）开始守御五公山，到顺治六年（1649）告别故园，十三年的时间里，孙奇逢或在五公山，或在百楼村，或在江村、北城，或在新安，居无定所，历经磨难。但无论在哪里，孙奇逢及其友朋、子侄、弟子从不废学。鹿善继殉难后，他的弟弟鹿善治，两个孙子鹿尽心、鹿洗心，以及众弟子张果中、贾三槐、陈鋐、杜越都随孙奇逢避难于五公山和百楼村之间，加上耿极、高鐈、魏一鳌、孙凤立、田侪、李知新、马之训等孙奇逢的一干弟子，随行者多为衣冠之族。他们所到之处，于五公山立双峰书院，于百楼村立云鹤轩书舍，带领子侄、弟子诵读诗书，讲求礼乐，弦歌之音此起彼伏，与刀枪剑戟铮铮撞击之声相和鸣，成为一段佳话。

（四）暮年南迁

顺治六年（1649）十一月，孙奇逢再次来到二哥坟前，将一杯清酒倾倒在地上，向哥哥告别，告诉哥哥自己迫不得已要离开故园了。然后是沉默，良久的沉默。他知道自己已经是六十六岁的老人了，这一别，可能就是永别了，自己将来的尸骨也断然不会再回到这熟悉的家园。想着想着，不觉泪水模糊了双眼。最后，他在二哥坟头吟咏了一首绝句："竹马肩随近古稀，白头心事更依依。荆花落尽难归树，目断天空一雁飞。"决然离开了故乡。

何处是乐土，他内心也是茫然无知。他早年曾同挚友茅元仪有一个婚约，茅元仪把自己心爱的小女儿嫁给孙奇逢的小儿子尚雅，虽然茅元仪已经作古，但婚约尚在，孩子们渐渐长大，那边茅家的人也是希望早日把婚事办了。茅元仪的家乡在归安（今湖州），是江东温润之乡，文明开化之地，孙奇逢遂有借为小儿子办理婚姻之机举家迁往归安之意。于是决定把大儿子立雅留下来看守祠墓，自己率领家人和愿意随行的亲党、弟子开启了艰难的南下旅程。

当年十一月，孙奇逢一行抵达祁州，受到祁州乡绅刁包的热情接待。刁包命人为孙奇逢一行收拾别墅，安顿住处。刁包深于儒学，又仰慕孙奇逢所传良知之学，两个人大有相见恨晚之意，天天谈论学问，讲论阳明心学。直到次年二月，孙奇逢才辞别故人，离开祁州南下，五月抵辉县苏门。因爱其深厚的文化积淀与明丽的景色，同时国子监祭酒薛所蕴以辉县山庄相挽留，孙奇逢遂决定暂时留居苏门。两年后，卫河使马光

苏门山下百泉湖

裕以辉县夏峰村田产相赠，这样，孙奇逢终于有了一个安身立命的所在，结束了长期漂泊无定的生活。在夏峰村，他又构筑了数间草房，取名兼山堂，作为读书讲学的地方，开门授徒，讲学其中。从顺治七年（1650）迁居辉县到康熙十四年（1675）病逝，孙奇逢在辉县度过了他人生最后的二十五年。

这二十五年，孙奇逢广泛结识当地官绅，包括数任工部卫河使马光裕、田本沛、李震生，卫辉知府沈石友、朱之瑶、程启朱，辉县知县石邦柱，卫辉府郭士标、徐章云、刘源洁、苏文枢、冀应熊等众多乡绅都与孙奇逢有着密切的往来，为道义之交。不仅如此，孙奇逢还不顾年迈，行动不便，跨府越县，访友于周边各地。迁居辉县之后，除康熙三年（1664）、四年（1665）的故园之行外，他先后有五次外出访友之旅，分别是：顺治十一年（1654），访张镜心于磁州，访张凤翔于东昌，前后五月而返。顺治十四年（1657）杞县之行，《年谱》中有“三月渡黄河（至杞，主孟调之家。杨方伯闻之欲语，先生不入城而返）”，但因为《日谱》的缺失，杞县之行的细节尚不清楚。顺治十七年（1660），与友人约游嵩山，访乔腾凤、薛所蕴于覃怀，因事不及渡黄河而返。康熙五年（1666），访张沐于内黄，与内黄绅衿论学，月余而返。

这二十五年，孙奇逢虽然已经是耄耋老人，却力肩斯道，教化天下。早在明末，孙奇逢来往于北城与江村之间，和鹿善继砥砺气节，切磋学问，躬行实践，逐渐形成了以调和程朱陆王为特色的学术流派。甲申巨变，国社倾覆，孙奇逢决心以刘因为榜样，以斯道教化天下，重建儒家的礼乐文明和社会秩序。为此，他不顾年事已高，勤学不倦，纵横泛滥于儒家元典、诸儒文集之中，尤其是同“三无道人”李崶一起研读《周易》，达到了很高的境界，最终形成了他自己的学术特色：调和程朱陆王，以慎独为宗，体认天理为要，以日用伦常为实际，以深造自得为途径。

这二十五年，孙奇逢虽然已经是耄耋老人，却笔耕不辍，著作等身。顺治四年（1647），流离新安的六十四岁老翁孙奇逢开始编纂《理学宗传》；定居辉县后，他又撰写了《四书近指》《书经近指》《读易大指》《中州人物考》《畿辅人物考》《取节录》《两大案录》《甲申大难录》《苏门纪事》《孝友堂家规》《家礼酌》，还有卷帙浩繁的《日谱》，以及后人编订的《夏峰先生集》，可谓著作等身。

这二十五年，孙奇逢虽然已经是耄耋老人，却杏坛耕耘，桃李满门。他是庐墓六年的孝廉，是学问渊博、崇尚名节的学者，是冒死救助东林党人的豪杰，早在南迁之前就已经弟子填门了。明清易代后，他更是带着严重的文化危机感授徒讲学，无论农人樵夫、牧人屠夫，凡是求教者，无不蔼然指教。与人臣言忠，与人子言孝，与人弟言悌，望者以为高洁不可及，而即之甚恭而温，油油然有万物一体，满街圣人之意。河南、直隶、山东各地士人负笈而来，以至于草堂所不能容，附近寺院、村庙住的都是前来问学的士人。其中较为著名的，从直隶随从南迁的弟子有魏一鳌、耿保汝、张果中、马尔楹、高鐈、李崶等，留居直隶的弟子有王余佑、杜越、申涵光、薛凤祚、贾三槐、王之征、崔蔚林等，南迁后授业的弟子有汤斌、耿介、杨思圣、赵御众、费密、张溍、许三礼等，可谓桃李满天下。众多弟子设教授徒，再传弟子就更加不计其数了，当时世人就有评论：北方士人殆无一不受征君的教泽。因此，他和浙东的黄宗羲、关中的李颙并称为清初三大儒。

孙奇逢豪侠自任，酷爱交游。明末，他不过一介举人，然而却广交朝野东林党高官贵人。为父母庐墓六年的经历为他赢得了社会的尊重，当然也赢得了东林党人的尊重，同时也为他赢得了京师教授官宦子弟的机会。京师的六年，他通过好友鹿善继广泛结交东林党人，主要有孙承宗、茅元仪、左光斗、魏大中、周顺昌、范景文、钱谦益等。天启五年（1625），当魏忠贤大兴党狱，捕杀东林党人的时候，孙奇逢挺身而出，带领弟子张果中等人，与鹿善继的父亲鹿正一道，置身家性命于不顾，联络辽东前线的孙承宗和鹿善继，谋求营救。左光斗、魏大中等人被诬陷，追“赃”数万两白银，孙奇逢又倡导募捐。虽然左光斗、魏大中等人不免一死，然而孙奇逢却赢得了社会舆论的普遍赞誉，与鹿正、张果中并称为“范阳三烈士”。到崇祯年间钱谦益被捕，大狱兴起之际，孙奇逢出谋划策，联络贵人，竭力营救。与东林党人的友谊以及他对东林党人的营救对他的一生影响深远。

一、结识东林友谊长

何谓“东林党”？这要从明末的政局说起。张居正无疑是明代历史上一个非常重要的人物，他所领导的改革运动卓有成效，使大明王朝在自我调整中恢复了一丝丝的朝气。然而，张居正死后被抄家的结局同他生前的显赫张扬、风光无限相比，反差实在太大。张居正在位时的强势与万历皇帝对他的恩师兼恩相冷酷的清算至少给大明带来了两个要命的结果：第一，更加残酷的权力斗争。朱元璋杀胡惟庸之后，不设宰相，内阁本是一个由大学士组成的参谋机构，然而在后来实际的运行中，内阁在官僚系统中的地位和权力逐渐提升。张居正执政时大肆侵夺六部职权，几乎把六部变成了内阁的僚属，内阁首辅俨然汉唐宰相。张居正在位时炙手可热，六部官员敢怒不敢言。等到张居正去位，尤其是被清算之后，六部官员开始向内阁发起进攻，要收回失去的权力，政治斗争日趋激烈。第二，内阁官员鉴于张居正的悲惨结局，对万历皇帝唯唯诺诺，无所作为，邀宠固位而已。而万历皇帝本质上是一个胸无大志、庸懒无为、贪财如命的人物，连断送大宋江山的宋徽宗都不如。宋徽宗至少在书法、绘画领域堪称大家，万历皇帝则只是一味地贪财。大致从万历十四年（1586）开始，这位皇帝已经对政事完全失去了兴趣，不上朝，不见官员，不问政事，不看奏疏，不补官缺。结果，官僚机构几乎瘫痪，尤其是三法司的司法活动，根本没有是非公正可言，谁善于诽谤构陷，谁往往就占据上风，政治斗争更加激烈。在这样的政治生态中，各级官员结党营私，贪污贿赂，国家边备废弛，朝政日非，大明王朝陷入了全面危机。当时，顾宪成就已经意识到大明王朝已经到了“天崩地陷”的时候。

在明朝陷入全面危机的时候，一些正直的官员忧心忡忡，希望抑制腐败，刷新政治，顾宪成、赵南星、高攀龙等一大批官员走到了政治的前台。在改革政治的努力失败，他们本人也被罢官免职的情况下，首先是顾宪成在老家无锡重修东林书院，登坛讲学，议论朝政，品评人物，一时风动朝野。他们开始争国本、反矿税、争京察、议三案，同齐党、楚党、浙党斗争，接着又同魏忠贤及阉党展开了生死决斗，崇祯朝同“阉党余孽”的斗争，到偏安一隅的弘光小朝廷时，仍然在继续。但东林党也在斗争中走向末路，鱼龙混杂，不辨奸邪。

所以，东林党是指在明末朝政混乱、贪污腐败、危机四伏的背景下希望革新政治、挽救危机的那些怀揣理想的正直官员。当然，延及后来的复社，其成员成千上万，则已经是良莠不齐，不能皆以东林目之了。

在孙奇逢与东林诸贤的交游中，鹿善继起着非常重要的作用。如前文所述，通过鹿善继的介绍，孙奇逢结识了魏大中、左光斗、周顺昌等东林诸贤。除此之外，在鹿善继的引荐下，孙奇逢还同孙承宗成为相知很深的朋友。

孙承宗是万历、天启、崇祯三朝政治舞台上重量级的人物，有胆识，有谋略，刚毅过人。早在万历末年"梃击案"发生时，当时负责办案的大学士吴道南深感此事棘手，因为此事牵连太子和郑贵妃，一旦处理不好，自己的仕途恐怕毁于一旦。他束手无策的时候，找到了孙承宗，征求他的意见。孙承宗说：此事事关东宫，不可不问，但此事牵连贵妃，又不可深问。庞保、刘成而下，不可不问，庞保、刘成以上，不可深问。吴道南小心谨慎地依计而行，顺利地了结了此案。天启改元，孙承宗充经筵日讲官，每次讲完，天启小皇帝都有奖誉：讲得好啊，我的心花都开了。孙承宗既得小皇帝的信赖，仕途也就一片光明，不久就升任礼部右侍郎。此时辽东战事失利，王化贞、熊廷弼双双败退入关。危急时刻，孙承宗升任兵部尚书兼东阁大学士，进入内阁，又以兵部尚书、内阁大学士的身份出关，总督山海关及蓟辽、天津、登莱诸处军务。孙承宗在辽东任用鹿善继、袁崇焕、茅元仪、江应召、孙元化、马世龙等能臣悍将，整顿纪律，裁汰老弱，强化训练，四年时间里，不但稳定了辽东局势，还拓地四百里。崇祯二年（1629）入口之战，京师告急，孙承宗再一次受命于危难之际，主持京畿战守，渐次从满人手中收复永平、遵化。

鹿善继参赞军务的时候，孙奇逢受邀北上辽东，前后共历三月之久。在辽东军营，孙奇逢结识了一生中两位最重要的朋友：孙承宗和茅元仪。

孙承宗非常敬佩孙奇逢的人品，前文曾引用他写给孙奇逢的长诗，颂扬他庐墓六年的孝行。他希望孙奇逢能够留在营中随军参谋，为国尽忠，成就大丈夫一生的事业。茅元仪也屡次向孙奇逢转达孙承宗的意思，但都被孙奇逢婉言谢绝了。孙奇逢对茅元仪说："你和伯顺（鹿善继的字）有从高阳（孙承宗是高阳人）杀敌立功的军事才能，又有为国尽忠的志向，我却是没有才干，也没有志向，情愿以举人老死，不敢借着从军办事这个捷径乞求任用。"茅元仪不理解他的话背后的真实意思，孙承宗则因为英雄不能为己所用而感到遗憾。其实，这番话已经表露出孙奇逢当时的矛盾心理：他渴望有一个用武之地，成就一生的英雄事业，但他又有难言之隐。后来他在给茅元仪的信函中敞开胸襟，吐露出他当时的想法。他说："弟不佞，曾留关门二十余日，见上策干进者未必皆有心人，而不知我者或亦疑为进身地，弟遂以愤而返。"当时有不少人通过各种关系来到孙承宗军营以求任用，以为进身之阶，别人也是这样看孙奇逢的，或许还有一些风凉话，这是孙奇逢不能容忍的，所以他决然地离开了辽东军营。由此可以看到一个有血有肉的孙奇逢，视朋友如性命，但又有着强烈的自尊意识。后来，孙承宗辞官还乡，同孙奇逢、鹿善继书信往来，多次邀请孙奇逢、鹿善继二人到他家做客畅聊。

高阳距离容城约有一百里的路程，并不算遥远。崇祯九年（1636），孙奇逢和鹿善继结伴来访，孙承宗极为高兴，热情款待，孙奇逢、鹿善继二人在高阳停留十多天，尽兴而返。他们还商定，以后每年至少在高阳孙府上相聚一次。只可惜，这是三个人的最后一晤了。当年，清军入关侵扰，鹿善继守御定兴，城破身死。两年后，清军再次入口作战，孙承宗守高阳，城破身死，同死者还有他的五个儿子和五个孙子，孙家几乎是满门殉国。

茅元仪是孙奇逢在辽东军营结识的最知心的朋友之一。他出生在浙江归安（今湖州）一个仕宦大族，书香门第，祖父是明代著名文学家茅坤，父亲、叔父、堂兄都是进士出身。茅元仪自幼受到严格的儒学教育，十三岁为诸生。他为学讲求实用，二十八岁的时候就撰写出一百八十万言的皇皇巨著《武备志》，成为中国军事史上重要的军事著作。正是因为这部著作，他受到朝中大员孙承宗等人的器重。天启二年（1622），孙承宗以兵部尚书、内阁大学士的身份督师辽东，茅元仪受邀辽东参赞军务，开始了坎坷的军旅生涯。因为他是东林党孙承宗的幕僚，为人耿直，且没有进士的功名，所以尽管才华横溢，却屡受打击与迫害，一生三次被流放，家产被籍没，最后客死流放之地福建。

在辽东军营，孙奇逢与茅元仪一见如故，开始了一生相互砥砺而又惺惺相惜的友谊。他们两人有很多相似之处：勤奋好学，学问渊博；为学讲求实用，反对坐谈心性；淡泊科举功名，一位是多年的老举人，一位是国子监的监生，在唯进士为高的晚明，他们都不免遭人冷眼；而且，两人都是刻苦砥砺的正直之士。相似的志向和相近的社会地位使他们成为交心的朋友。当孙奇逢离开辽东时，茅元仪依依不舍。之后，两个人书信不断。茅元仪因受人迫害，流放福建，又有巨额的赔累，几乎是倾家荡产。茅元仪在闽中写信给孙奇逢，说明自己的窘状。孙奇逢愤愤不平，挥毫写道："开函宛对故人面，长短挥毫兴未阑。忽及赔累事最急，我心不平坐复立。彼其之子毒何深？座客闻之皆于邑。毋嗟男儿生不辰，从来豪杰多邅屯。羡尔履险能如夷，怀中有剑何忧贫。"自己的心随着友人书信中所传达的信息而起伏波荡，时而兴奋，时而焦灼，时而拍案而起，时而坐立不安，表达了他对远方朋友的思念和牵挂。家中有事，或忧，或喜，孙奇逢也总是写信告诉远方的茅元仪，分享自己的感受。有一年，孙奇逢家中添人进口，连得两个孙子，非常高兴，他写信给远在福建的茅元仪："愧我今为祖，连年两抱孙。五旬诸事冷，三世一经存。妻病犹堪爨，家贫尚有樽。闻君新弄瓦，差慰客中魂。"

茅元仪还多次造访孙奇逢：崇祯元年（1628），茅元仪进京进献其《武备志》的时候，顺道过访江村，与孙奇逢形影不离，"啸歌间诵读，不使天天闲”。崇祯二年（1629）、崇祯五年（1632）两度过访孙奇逢于北城村。《夏峰先生文集》中有七言诗表达他对茅元仪来访的感受：“深秋方一晤，相对几回肠。奇士平逾异，真人险亦常。论交青眼阔，作客古情长。只恨处处别，门前归马忙。”崇祯九年（1636），孙奇逢刻《孝友堂家乘》时求序于茅元仪，茅元仪千里相寄。崇祯十一年（1638）夏，茅元仪北上拜访孙承宗，又专程赶往北城，同孙奇逢哭祭鹿善继于江村。崇祯十三年（1640），茅元仪再访孙奇逢于百楼村，两人携子侄、弟子同登张弘范看花台，茅元仪留下了“看遍江南蓟北花，素馨茉莉尤堪夸”的佳句。[①]百楼村一别，算是两人的永别。不久，茅元仪去世的消息传来，孙奇逢悲伤不已，留下了《茅止生讣至》的诗篇：

有燕频频寄好音，突来凶耗痛难禁。

乾坤未了挥戈恨，海岳空悬报国心。

师友义隆风百代，文章价重字千金。

看花台畔三更月，望断云山废素琴。

这是真正的知己，诗中对茅元仪以身许国的抱负给予了中肯的评价，对他壮志未酬、坎坷磨难的境遇给予了深深的同情，最后，思绪又回到了两人的友谊，回忆起了两人同游看花台的场景，令人肝肠寸断。

孙奇逢还与刘宗周的诸弟子有着深入的交流和深厚的友谊。刘宗周是明末学界的泰山北斗，崇尚气节，明亡不食而死，以殉社稷。孙奇逢对他推崇备至。但两人并不曾会面，也没有直接交流。入清后，孙奇逢曾先后派遣自己的弟子高鐈、马尔楹和儿子孙奏雅远赴浙东，携带《理学宗传》求正于刘宗周的弟子们。高鐈等在浙东五年之久，同蕺山后学有充分的交流，尤其是同刘宗周弟子倪元瓒关系密切。他们回到辉县夏

① 一般认为茅元仪于崇祯十三年逝世于福建，但《孙夏峰先生年谱》记载有崇祯十三年茅元仪到定兴县百楼村拜访孙奇逢。福建、河北两地相距数千里之遥，所以这两件事似乎不可能同为真实，具体情形尚待进一步的考证。

峰，从浙东带回了倪元瓒的书信和对《理学宗传》的评笺。从此，孙奇逢和倪元瓒书信往来，不绝于途，倪元瓒还派他的族子北上苏门问学。姜希辙是另一位与孙奇逢交往密切的蕺山弟子，他出任元城知县，到任之初就到辉县夏峰拜见孙奇逢，之后又派他的儿子从孙奇逢学习。蕺山众弟子中，黄宗羲无疑是有影响力的学者，他的父亲是被魏忠贤迫害致死的东林七子之一黄尊素。黄宗羲与孙奇逢没有见过面，但神交已久。孙奇逢的学生许三礼曾任浙江海宁县知县，聘请黄宗羲为书院山长长达五年之久。据陈祖武先生的研究，许三礼在赴任海宁之前，曾专程拜见孙奇逢，受托把孙奇逢的《理学宗传》《岁寒集》和为黄宗羲母亲八十寿辰所撰写的贺诗带去浙江，并以蕺山薪传相勉励。当时孙奇逢已经是九十岁的老人了，面对他的厚望，黄宗羲“读而愧之”，非常感动。黄宗羲由此得读孙奇逢的著作，正是在《理学宗传》的启发下，他撰写出学案体巨著《明儒学案》。

此外，孙奇逢与东林人物钱谦益等人相友善，以道学相期许。

二、奔走于东林党难

孙奇逢受家学影响，自从束发就学，就有志于圣贤之道，躬行实践，砥砺品行。物以类聚，人以群分，他对于东林诸贤十分仰慕，与左光斗、魏大中等人交往密切，结下了深厚友谊。在他们遭受阉党迫害的危难时刻，孙奇逢义无反顾，冒死相救。

天启初年，“众正盈朝”，楚党、齐党等政治势力受到排挤，仇恨填胸，伺机报复。而此时魏忠贤攀缘明熹宗的乳母客氏，逐渐受到重用，出任司礼监秉笔太监，不久又受命提督东厂，把缉捕、审讯诏狱人犯的权力掌握在自己手中，他杀害倾向东林党的正直太监王安，逼走大学士刘一燝。受到排挤的诸党官僚主动投向魏忠贤，两股势力兵合一处，形成阉党，政治斗争更趋激烈。天启四年（1624），杨涟以“二十四罪”上疏弹劾魏忠贤，拉开东林党与阉党面对面直接斗争的大幕。结果，赵南星、高攀龙、杨涟、左光斗等一大批东林官员被罢黜。天启五年（1625），魏忠贤矫诏搜捕东林党人，杨涟、左光斗、魏大中、袁化中、周朝瑞、顾大章等人被抓捕，诏狱大起。

左光斗被逮，先有两封书信寄来，一封写给鹿善继的儿子鹿化麟，一封写给孙奇逢，请求鹿化麟、孙奇逢二人设法救助，其中还提出：是否可以赴辽东军营求助于鹿善继，并通过鹿善继争取孙承宗的帮助。孙承宗作为兵部尚书、内阁大学士，又经略辽东，是朝廷的股肱之臣，他的话自然有分量。如果孙承宗可以向朝廷说句话，左光斗、杨涟诸臣或许有一线生机。孙奇逢接到书信，积极筹划，当晚给鹿善继和孙承宗修书一封。第二天天还没亮，鹿化麟和孙奇逢的弟弟孙奇彦两人就带着他的书信踏上了通往辽东的官道。

孙奇逢在给孙承宗和鹿善继的书信中写道：

夫左、魏两君子清风大节，必不染指以庇罪人，此何待言！独以善类之宗，功臣之首，横被奇冤，自非有胸无心，谁不扼腕？维桑与梓，固浮邱旧履地也，遗爱在人，不止门墙之士，兴歌黄鸟，能不慨然？昔卢次楩一莽男子耳，谢茂秦以眇布衣为行哭于燕市，曰：“诸君子不生为卢生地，乃从千载下哀湘而吊贾乎？”李献吉在狱，何仲默致书杨邃庵求为引手，康德涵义急同调，至不自爱其名。浮邱、廓园之品固当直踞献吉，何次楩敢望？恨某等一介书生，无能哭诉，尚负惭于茂秦，阁下功德前无，邃庵怜才扶世之感，稍一斡旋，且有出德涵上者。况两君子以道义臭味之雅，受知于阁下最深且久，阁下岂无意乎？又闻任邱公力可以为德涵，倘阁下以此事属之，当必有济。

孙承宗和鹿善继接到孙奇逢的来信，日夜谋划，苦心孤诣，他们虽然远在边关，但对朝中情势非常清楚：小皇帝已经被魏忠贤和客氏所控制，即便是上疏为杨涟、左光斗诸贤诉冤，奏疏也未必会送到皇帝面前。鉴于此，他们谋划了一个可以出奇制胜的方案：以面奏辽东形势和御辽方略为借口，请求觐见皇帝，见到皇帝后直陈杨涟、左光斗冤情，清除魏忠贤势力。谋划已定，孙承宗、鹿善继以巡视军队为名提兵进抵蓟门，请求陛见。结果，阉党中盛传孙承宗提兵京畿要来清君侧，魏忠贤惊恐万状，跪在皇帝御榻前痛陈自己对皇帝的一片忠心和孙承宗清君侧的意图，声泪俱下，哀求不已。最后，皇帝下谕旨：孙承宗无庸觐见，回辽东讯地。结果，营救东林诸贤的计划落空。

接着，魏大中的儿子魏学洢带着父亲给孙奇逢和鹿化麟的亲笔信匆匆赶来。这时抓捕东林党人的缇骑络绎于道路，昔日的友人唯恐连累了自己，都远远避开了。尝尽人情冷暖的魏学洢身心俱疲，在江村却受到了家人一般的真诚接待，鹿善继之父鹿正命人为他收拾了干净的房间，又端上热气腾腾的饭食。鹿正、孙奇逢一边看着魏学洢吃饭，一边商讨营救之策，魏学洢真正感受到了什么是人间真情，口里嚼着饭食，眼泪却不知不觉地像两串珍珠扑簌扑簌地滚落下来。

而就在此时，家住白沟的张果中派人送来消息，身在缧绁中的左光斗快要到白沟了，他希望能够在白沟见到孙奇逢。左光斗当时是朝廷钦犯，一般人避之唯恐不及，谁愿意去惹这个麻烦，冒这个风险？但孙奇逢二话不说，跟着来人匆匆赶往白沟。在那里，孙奇逢见到了左光斗，同时赶来的还有容城士绅胡向化。左光斗坐在房间中间，头发显得有些散乱，但神态异常平静。看到孙奇逢进来，徐徐地说：“弟被逮，出门时，八十多岁的父母双亲受到如此突如其来的打击，一痛绝地。此情此景，人何以堪啊！”说着说着，不觉潸然泪下。孙奇逢深为同情，但一时不知说什么好，停顿了一会，说道：“老公祖是朝廷大老，雨露雷霆都是圣上的恩典。主张须要早定啊！”最后一句说得很慢，意味深长。

其时周围都是押解的缇骑，到处是耳目，不便多说，孙奇逢起身告辞。当晚孙奇逢打通关节，在公署再次见到了左光斗。月光如水，倾泻在大地上，一丝风也没有，官舍、树木的影子一动不动地伏在地上，周围死一般地寂静、清冷。左光斗仰头看了看那一轮明月，然后目光注视着远方，轻轻地说道："大金吾公子捎来消息说，当事者此次决心要置杨大洪于死地，如果他们要治死大洪，我岂有独生之理？"声音很小，像是在自言自语。孙奇逢停顿了片刻，接着左光斗的话说道："事属一体，义当相关。"话似绝情，但却是孙奇逢的心里话，他接着说道："客氏的弟弟客光先这两天派人捎话说，东林诸老都是一时明贤，如今被逮，他如果婉转其间，到京城里走一遭，或许可以帮诸贤摆脱灾难。"听到这话，左光斗提高了声调，异常坚定地说："大丈夫死则死耳，何以向妇人女子求活耶？"一种仰慕之情蓦然从孙奇逢的心头升起，他心里想：这才是我的同道，我所敬仰的大英雄啊！孙奇逢没有多说，只是若无其事地轻轻说道："这事就不多说了，听之而已。"夜深了，看看缇骑走近，孙奇逢匆匆告别而去。这一别，从此阴阳两隔。

左光斗过去的第三天，魏大中被缇骑押解着也来到了白沟。魏大中托人捎话给张果中，希望能够与张果中、孙奇逢见上一面。但张果中出辽东去探访消息了，孙奇逢也已经离开白沟回定兴鹿府了。缇骑催促急如星火，不给片刻的时间等候，魏大中抱憾而去。

定兴毕竟离京师二百里之遥，信息不通。魏学洢住在江村，得不到京师的信息，心急如焚，食不下咽，向隅而泣。最后决定赶往京师，探访消息，寻找关系营救父亲。一听说魏学洢执意赴京，出于安全的考虑，孙奇逢就让魏学洢改易姓名为金子陶。他仍然不放心，又让自己的二哥孙奇遇陪同前往，还修书一封，让他们带给京城的好友牛俊臣，好让他们住在牛俊臣家中，有个安全的落脚之处。在京城孙奇遇与仆人朝出暮归，奔波营救。不过，其时正当魏忠贤气焰熏天的时候，无人能够改变东林六贤的命运，所以尽管有锦衣卫千户王莅民的暗中帮助，但都无济于事。

狱中的审讯拷打极其残虐，左光斗、魏大中等人体无完肤，血肉模糊。魏忠贤以左光斗、魏大中等人接受杨镐、熊廷弼巨额贿赂为借口，向魏大中追赃白银五千两，向左光斗追赃白银二万两。左光斗、魏大中诸贤都是廉洁清正的官员，所谓受贿贪赃均为诬陷，所以根本就赃无从出。

魏学洢从京城把这个信息送到江村，孙奇逢和鹿善继的父亲鹿正商议，招集远近乡绅为他们醵金代偿。一时间当地士绅云集于江村，纷纷出手相助，共为魏大中捐款白银三百多两。左光斗曾任直隶屯田御史，攘除宦官势力，蠲免十三场子粒负担，[①] 造福于定兴百姓，他还曾出任直隶提学御史，畿辅生贡很多是经他选拔的，所以他在畿辅一带民间具有较大的影响力。孙奇逢和鹿正基于这样的群众基础，再次召集当地士绅乡民为左光斗醵金抵赃。十三场子粒地亩数量巨大，当时议定，每亩捐钱一文，可得数十万串。当时士绅也纷纷捐银，又得数百两。但是，当张果中、王拱极携带筹集的银两赶到京师的时候，得到消息，魏大中和左光斗等人已经惨死狱中。银钱带回，又按照集资清单一一退回各家。第二年，周顺昌又被逮，周顺昌和魏大中缔结婚姻，又是东林中坚，阉党自然不会放过他。这时鹿善继已经告别辽东军营，与孙承宗一起卸任还乡。周顺昌被追赃五千两白银，鹿善继与孙奇逢再次召集乡绅为之捐资。这次依然如左光斗、魏大中一般，捐资送到京师，周顺昌已经杖毙狱中。众人嗟叹不已，愤恨填胸。

崇祯改元，巨奸大憝悉数授首，朝廷气象为之一新，但崇祯新政并没有杜绝朝廷党争，政治斗争依然激烈，刀光剑影，暗藏杀机。在崇祯

① 十三场原为盐碱沙碛之地，贫民在此开荒耕种，因产量极低，并无赋税征收。后这些土地被勋贵强夺为庄田，并强令州县官员征收额外税收以充庄田子粒，极大地加重了百姓负担。左光斗任直隶屯田御史时，曾抵制勋贵强夺荒田，并折征庄田子粒，以减轻百姓负担。

年间的政治斗争中孙奇逢对于东林党也多有帮助，出手帮助钱谦益就是其中的一个重要事件。

崇祯初年的东林领袖钱谦益是当时的文坛巨擘，素孚众望。但在崇祯元年（1628）会推阁臣的斗争中，遭到温体仁和周延儒的联合进攻，败下阵来，罢官闲住。而温体仁则因揭露钱谦益“结党”而受到崇祯皇帝的信赖，从而步步高升。第二年，就以礼部尚书预机务，步入内阁。钱谦益深知温体仁的“曲谨猛鸷，机深刺骨”，即使赋闲乡野，也时时感受到来自朝廷的威胁。果然，崇祯十年（1637）正月，温体仁借口常熟人张汉儒状告钱谦益居乡不法事拘逮钱谦益，押解进京，同时被逮的还有名士瞿式耜。钱谦益被逮惊动朝野，朝中不少大臣上章奏辩，为其鸣冤，孙奇逢也为营救钱谦益出谋划策。

《夏峰先生集》中收录有孙奇逢写给张果中的一封信，其中写道：

> 常熟何日渡白沟，有信即速示我。海内才贤，日就沦丧。鲁章特去相访，欲有所商，社稷有灵，必不为左、魏之续耳。鲁章亦当世奇男子，吾、伯顺尝谓相国衣钵端在伊人，此言非虚也。

这封信中所说的“常熟”就是钱谦益，鲁章是孙承宗的儿子孙含。孙承宗与钱谦益同为东林党人，相互敬重，关系交好。孙奇逢的这封信透露出一个信息，那就是在钱谦益落难时，孙承宗没有袖手旁观，而是鼎力相救。张果中曾在营救左光斗、魏大中的过程中不顾个人安危，四处奔波，与孙奇逢、鹿正被誉为“范阳三烈士”。因为他家住白沟，位于北上京师的必经之地，信息通畅，所以孙奇逢要他探听钱谦益路过白沟的时间，并及时转告他和孙含。他同时感叹海内才贤日就沦丧，强调不能让左光斗、魏大中的悲剧在钱谦益身上重演。从这封信中可以感受到孙奇逢对东林党人真挚的友谊和深切的关怀。

不久，一份揭帖摆在了孙奇逢的案头。这份揭帖出自张汉儒之手，是鹿善继的儿子鹿化麟在街上得到的。此时鹿善继已经在守御定兴的战斗中以身殉城，他的儿子鹿化麟正在京师为争取朝廷的旌表而奔波。揭帖是张汉儒所写，无非是讲钱谦益如何横行乡里、纵奴为恶之类的内容，但特殊之处在于卷首竟然有司礼监秉笔太监曹化淳令其上疏揭发钱谦益的话语。孙奇逢仔细审视这份揭帖，眉头紧锁，沉思良久，对坐在对面的鹿化麟和孙含说道："这里面一定有假，曹化淳绝对不会说这话。"他们两人连连点头，然后一脸为难地说道："那么，谁可以和曹司礼说上话呢？"孙奇逢说道："这个不妨事，我来想办法。"孙奇逢很快找到自己熟识的宦官刘惟善，把张汉儒散发的揭帖拿给他看，然后说："有人借曹司礼杀人，曹司礼却不知道，然而此事君不可不知啊！"刘惟善点点头："这绝不是曹司礼所愿意接受的。"果然，第二天刘惟善就送过信来：揭帖之事已经告知曹化淳。此事刚刚办完，茅元仪就给孙奇逢和孙承宗诸子送来信息：钱谦益旦晚就到，需早为筹划安排。

孙奇逢与孙承宗的儿子孙珍、孙含和鹿化麟又聚在一处商议营救之策。孙含和鹿化麟提出拜见并求助于冯铨。冯铨是明清之际的重要人物，他出身于官宦之家，十九岁举进士，授翰林院。他奸诈多谋，天启年间投靠魏忠贤，为虎作伥，屡兴大狱，害死熊廷弼、杨涟、左光斗等人。因受到魏忠贤的赏识，冯铨仕途亨通，青云直上，官至礼部尚书兼文渊阁大学士。天启皇帝死后，冯铨作为阉党分子被革职为民。虽然如此，他仍然具有一定的能量。所以孙含兄弟提出求助于冯铨的想法。对此，孙奇逢没有反对，只是提醒：孙珍、孙含兄弟可以去，但鹿化麟不能去。因为冯铨虽然和鹿善继为同年进士，却没有世交，道不同不相为谋，两人素无往来，鹿化麟贸然前往反而不好。这时，身在白沟的张果中送来消息，钱谦益仆人受命已到张果中处。孙含马不停蹄赶到白沟张果中处，沟通信息。最终决定求助于冯铨。在冯铨的客厅，面对孙含提出的请求，冯铨顾左右而言他，只是频频让茶而已。一个多时辰之后，冯铨才带着抱怨的语气说道：“仆与东林诸君子，不遗余力，然而东林诸君子肯一言相容吗？”孙含说：“不然，家父为左光斗先生所撰写的墓志铭中提到您的拯救之力，东林诸君子都大加赞赏，感激不尽。志文俱在，不信的话，我即刻回家带来呈览。”（按：孙承宗为左光斗撰写的墓志铭中确实讲到冯铨，左光斗被害之后，阉党仍然余怒未消，以左光斗在“移宫案”中勾结宫内太监的罪名剖棺斩尸，籍没家产，赖“新参冯公铨”从中开脱，算是没有再深究追责。这一段史事的记述至今在孙承宗的文集中仍然能够看到。所以当时孙含讲“志文俱在，归即呈览”。钱谦益仇视冯铨，在看到孙承宗为左光斗所撰写的墓志铭之后，曾经给孙承宗写信，希望能够削去冯铨力为救助的一段文字。依据这段史实，孙含反其道而述之，说东林诸君子深受感动，纷纷来信对冯铨的救助表示感谢）听完孙含的话后，冯铨心中对东林的积怨稍微纾解，表示愿意出手相助。于是冯铨和孙含一同到三家店去迎接钱谦益。冯铨与曹化淳在张汉儒状告钱谦益、瞿式耜案的问题上意见相合，于是曹化淳上疏皇帝说：投揭自有接本衙门在，张汉儒擅自上疏是违法的。曹化淳受命审理案子，遂严讯张汉儒，由张汉儒又牵连出背后的黑手温体仁。温体仁引咎辞职，狼狈地退出政坛。张汉儒枷死，钱谦益、瞿式耜无罪释放。

冯铨在钱谦益案中的角色非常神秘。崇祯初年他就作为阉党首要分子被革职，为东林党人所不齿。一位声名狼藉的在野乡绅怎么可能会有如此大的影响力，可以干预诏狱？在《明史》《清史列传》等史籍中，无论是钱谦益、温体仁，还是冯铨的传记资料中均没有提及冯铨参与营救钱谦益的史实。但孙奇逢为孙承宗的儿子孙含所撰传记资料《孙鲁章传》却言之凿凿，孙含拜见冯铨，冯铨先是避而不谈，后又抱怨自己不为东林党所容，最后被孙含说服，才伸出援手。难道是孙奇逢所言不实？但文秉在其所著《烈皇小识》中也提及冯铨对于钱谦益的营救，他这样记述：钱谦益是孙承宗选拔的士人，与他有师生之谊，所以托孙承宗的儿子孙珍、孙含求援于司礼监太监曹化淳。另一方面，钱谦益又托其密友冯舒求援于冯铨。冯铨与钱谦益等东林党人有很深的矛盾，所以不愿意出手相助。冯舒在其门外等候三日，冯铨都不见面。第四天二更的时候，冯铨才让人把冯舒领进大堂，而且不等冯舒开口，冯铨就说："钱谦益的事，我都晓得了，如今已不妨，你可回去，叫他安心。"然后，对下面的仆人说："送客！"可见，在文秉的笔下，冯铨也是钱谦益被逮案中的重要人物，但具体的细节又不同于孙奇逢的记述。这些相互不同的记述，使得冯铨在钱谦益被逮案中的角色迷雾重重。

在这方面需要历史学者仔细耙梳史料，钩沉索隐，还原历史的真面目。

仍然回到孙奇逢。孙奇逢不过是一位举人，无官无职，在营救钱谦益的斗争中不可能力转乾坤，发挥关键的作用，但我们看到了他投入其中的积极态度。从给张果中的信函中我们可以读出他对钱谦益案的高度关注，和他时刻准备着营救钱谦益的心理状态。他同孙含、鹿化麟都保持着密切的沟通，时时处处为他们出谋划策，又出面会晤正直的太监刘惟善，把重要的信息送到司礼监太监曹化淳那里，利用自己的人际关系做一些力所能及的工作。

从十四岁进学结识鹿善继，到京师授徒结识曹于汴、周顺昌等人，从天启年间不避风险营救左光斗、魏大中等落难君子，到崇祯十年(1637)奔走于钱谦益被逮案，孙奇逢敬重、学习、营救东林党人，他的生命深深地打上了东林党的印痕，他的思想在斗争中升华。

不但如此，他以一介书生，团结了为数众多的官僚士绅投入到了营救东林党人的战役中，彼此鼓励，相勖相助，气节相尚，在明末道德沦丧、世风日下的险恶环境中，形成了一支强大的社会力量。这支社会力量以孙奇逢、鹿氏祖孙为核心，以孙奇逢、鹿善继的弟子为骨干，以孙承宗、范景文等在职官员为奥援，涉及定兴、容城、固安、新安、雄县、任丘、清苑等畿南数县，声动一时。孙奇逢、鹿善继二人志同道合，都以学为圣贤相期许，都以阳明王学为旨归，都注重躬行实践，崇尚气节。他们又开坛讲学，身体力行，濡染熏陶出众多的弟子，形成了一个人数众多、声势颇张的儒学群体，并在营救左光斗、魏大中诸贤的过程中把这一地方社会群体及其风骨淋漓尽致地呈现在世人面前。这支力量作为地方社会群体又深刻影响着地方舆论，对地方社会文化产生了深刻影响。

在传统中国，士绅是一乡之望，教化一方，保障一方；乡贤是士绅中的佼佼者，更是一方的保障。孙奇逢深受东林学风影响，关心时势，关心地方事务，关心民生疾苦，虽然他只是一个举人，一生未曾出仕，但仍然尽己所能，维护地方利益，保障乡民安危。在容城，他抵制宦官在地方的胡作非为，维护绅衿尊严；他厘定宗族承祧关系，维持乡土伦常秩序；他致书州县官员，维护诉讼公正。崇祯年间，当满洲八旗横扫京畿的时候，他率领宗族乡党守御容城，守御五公山，使数千人免遭杀戮蹂躏，一方百姓视之为长城。清初，田庐被占，背井离乡，绅权萎缩，京畿士绅狼狈不堪，然而孙奇逢声望更高，影响更大，他仍然能够通过其师徒网络体系影响地方官员，维护民众利益。

一、言谔谔守望一方

东林书院有一副非常有名的对联："风声雨声读书声声声入耳，家事国事天下事事事关心。"它表明东林党人反对空谈性命、强调关心社会现实的鲜明态度。孙奇逢仰慕顾宪成、高攀龙，又同左光斗、魏大中、周顺昌等人交往密切，深受东林党人的影响。他反对书斋式的读书，反对脱离现实的坐而论道，不但在左光斗、魏大中蒙难的重大事件中奔走呼吁，冒死相救，而且对地方事务也多有关注，有所作为，成为守望一方的地方领袖。

早在万历三十五年（1607），二十四岁的他刚刚结束三年为亡父庐墓的守孝生活，就已经开始了对地方重大事件的参与。这一年冬天，发生了一件令所有士人都非常气愤的事情：容城举人梁如星和一位薛姓生员冲撞了一位薛姓太监，结果被一群太监当众殴打，皮鞭挥舞之下，可怜两位斯文士人遍体伤痕，鲜血满面，之后又被五花大绑地带走。在明清时期，生员已经步入士绅之列，享受官府的廪膳，免除各种劳役负担，受到整个社会的尊重，举人更是地方的头面人物。然而，梁、薛两位士绅居然受到宦官的当众羞辱殴打，一时激起地方士人的愤怒。孙奇逢联络容城士绅齐集县衙门，递上了他自己撰写的抗议书，其中写道："异哉！梁孝廉、薛茂才之事！天理王法，真属大变。薛珰一小竖子耳，余皆小竖子之奴隶耳，遂敢鞭箠孝廉、幽囚士子于奉诏入试之日，尚可谓有世道哉！阉人之炽恶，斯文之气丧也。"最后，希望地方官府"察其主谋者何人，党恶者何人，严讯而置之法，庶秽污刑余之徒犹知有朝绅，犹知有天宪，则扶文抑暴之功高于千古矣"。关于这件事情的处理结果，《孙夏峰先生年谱》中说是"事得白"，但究竟处理到什么地步，我们就不得而知了。因为万历年间矿监税使横行无忌，他们出自皇宫，有皇帝充当保护伞，地方官府一般不敢招惹他们。所以恐怕薛珰不一定受到应有的惩处，地方士绅也不一定能够找回属于自己的尊严和体面。尽管如此，青年孙奇逢已经以他的举人身份走到前台，关心地方事务，维护士绅尊严，履行他在地方社会的职责了。

此后，凡关系到地方利益、社会秩序、风俗教化的事务，都会看到孙奇逢的身影。为刘允升养子辩冤是孙奇逢主持的一件非常有影响的诉讼案。刘允升是容城乡绅，曾短暂出任太湖知县，因病辞官，长期乡居，悠游林下。使刘允升烦心的是其夫人一直没有能够为他生下一男半女，眼看着自己一天天地衰老，晚年生活由谁来照顾，刘家香火由谁来延续，这些问题成为刘允升心头的一块石头，压得他茶饭不思，两鬓雪白。天启七年（1627）的一天，他跟孙奇逢说起这事，孙奇逢非常热心，就召集了一帮乡绅朋友，来到刘家，在刘氏近支众侄子内选择可以承续刘允升宗祧的一位。最后，根据择贤而立的原则，立刘尔植为刘允升的继承者，过继给他。此事皆大欢喜，因为有众多乡绅的决定和参与，他们都是地方社会的头面人物，所以这事也就确定下来了。

刘尔植也是县学生员，知书达理，温文尔雅。过继之后，刘尔植谦恭谨慎，孝敬继父继母，父子两人谈书论学，一家人融洽和睦，其乐融融，把刘允升这位老乡绅高兴得天天合不拢嘴。但是，月有阴晴圆缺，人有生老病死，大约在崇祯十年（1637）前后，突然有一天，刘允升病倒在床，继子刘尔植请医抓药，端屎端尿，照顾得无微不至，无奈老人气数已尽，时间不长就撒手人寰了。

就在刘允升病倒在床、奄奄一息之际，他远房的一个侄子觊觎刘允升的家产，开始发难。他质疑刘尔植过继给刘允升的合理性，称自己才是继承刘允升宗祧的最合适人选，理所当然的，刘允升的财产也应该由他来继承。然后，他强行抢夺了刘允升的膏腴田地二十七亩。刘允升虽然做过知县，但在任只有半年之久，宦囊萧索，加上家里原本贫寒，二十七亩腴田已是半个家当了。但刘允升的这位侄子仍然不满足，在刘允升去世后，又向官府状告刘尔植害死继父，孤弱的刘尔植遂被传唤至县衙门，一场官司摊在了这个临丧之家。

此事传到了孙奇逢的耳朵里，这样冤枉良善、伤天害理的事情他岂能不管。孙奇逢连夜奋笔疾书，给容城知县写了一封信函，为刘尔植辩屈。讲明三点：第一，为刘允升选择继子是容城众乡绅一起做出的决定，是按照择贤的原则在宗族近支中选出的，而且是刘允升同意的，这一点并无异议。第二，刘尔植过继到刘允升那里之后，父子、母子关系融洽，而且一家人和睦生活并非一日、两日，而是十年有余。在这样的家庭关系中，说刘尔植害死继父如何说得通？证据何在？如果说刘尔植为了侵吞霸占刘允升的田产，更是于理不通。刘尔植早在十年前就已经以继子的身份获得了刘允升财产的继承权，为何在此时又出手相害？第三，告状之人并无继承刘允升宗祧的资格。虽然他确是刘允升的侄子，但他是家中的独苗，上无兄，下无弟，如果让他过继给刘允升，那么，他将置自己的亲生父母于何地？一般情况下，明清时期，过继给本家近亲做继子的一个必要条件是此人有兄弟，那样的话，他过继出去了，还有兄弟可以继承本生父母的宗祧，不至于断了自家的香火。接着孙奇逢又强调了这位告状之人的县学生员的身份。身为孔孟之徒，做出如此伤天害理的事情，简直是让孔孟先贤蒙羞于九原。最后，孙奇逢向知县提出了自己的要求："惟乞台慈为孤孀做主，为明教立闲，宁直刘乡官衔感九原，治某等且镂刻无斁矣。"孙奇逢这封写给容城知县的信函以封建伦理为基础，言之成理，饱含对于受冤之人的同情，很有说服力，加上他一方之望的身份，所以，刘尔植冤情得以申雪，被夺田地也重新收回。

为割耳李节妇助葬。李节妇在容城县城南，距孙奇逢的家乡北城村只有不足十里。李节妇刚过门没有几年，丈夫就去世了，留下她和孩子，孤儿寡母，甚是可怜。但李节妇立定志向，誓死守节，为表达自己的意志，在丈夫入殓的时候，她找来家里的菜刀，一手拿刀，一手拽住自己的一只耳朵，眼睛一闭，手起刀落，耳朵被削掉了，鲜血喷涌而出。在场的人们都惊呆了，再看李节妇一边哭，一边把削掉的耳朵放在了丈夫的尸骨旁边。过了好长时间，人们明白了李节妇的意思，妇女们哭成一片，男人们默默地盖上了棺材的盖子。从此，割耳李节妇的故事就在三乡五里传开了，人人啧啧称奇，赞不绝口。办完丧事后，因为没有生活来源，李节妇母子的生活陷入了困顿之中。孙奇逢召集容城乡绅为李节妇捐钱，时时周济他们的生活。万历三十九年（1611），李节妇去世了，孙奇逢为李节妇捐款买棺材，并抚恤她的儿子。又为她的儿子娶妻，成家立业。

对于地方赋役差徭等困扰民生的大事，孙奇逢更是根据自己的身份、能力积极参与，以苏民困。崇祯九年（1636），清兵横扫京畿地区，孙奇逢率众守御容城，奋战七昼夜击退清兵，获得了战斗的胜利。县城得以保全，然而乡村则备受蹂躏，人们惨遭杀戮，粮食牲畜被洗劫一空，尤其要命的是民间为官府所养马匹被掳走一百五十九匹。

这里需要说明一下明代的马政。太仆寺是马政的管理机构，朝廷战马一般交给京畿百姓代养，这是官府强加的一项差役，养马没有报酬，但战马病死了、遗失了，养马百姓必须赔偿。所以，养马是畿辅百姓的一项繁重负担。现在官府一百五十九匹战马被劫掠，官府要求百姓限期赔补。刚刚经历了清军的杀戮掳掠，尸骨曝于野，遗民有菜色，容城百姓生活已陷入绝境之中，哪里有能力赔补如此数量的战马？在这种情况下，孙奇逢向容城知县递交了《呈为祸惨民穷恳恩奏请俯赐蠲恤以保残黎事》的呈文，极言容城遭兵祸的惨状及民众困穷的实态，也备述了容城百姓在没有官府一兵一卒的情况下坚守容城所获得的胜利，请求知县能够把他的呈文上呈朝廷，宽缓马价赔补，让老百姓得以休养，能够活下去。

这件事我们不知道最后的结果如何，官府是否按照他的请求宽缓了马价赔补。因为在崇祯朝最后的十年中朝廷为了应付内忧外患，拼命加征，竭泽而渔，孙奇逢不过一介书生，举人而已，恐怕也很难改变这一状况，但从这篇呈文我们看到孙奇逢为苏民困而忧心如焚的心理和明知其不可为而为之的态度。

清军入关后，横扫中原，大江南北、西南山地都成为用兵之区，征催钱粮，急如星火，不要说地方士绅，就是朝中大员，有几人敢要求减免赋役差徭？而且，清初朝廷极力压制、打击地方士绅势力，作为一个举人，他无法改变现实，往往只是嗟叹而已。

《日谱》中有这样一首诗：

满场禾稼未为贫，谷贱伤农此语真。

一两中金粮十石，催呼里老日频频。

触目催呼莫起嗔，早完官税主不臣。

只愁不得点金术，入眼空悲剜肉人。

清初朝廷在京畿推行土地圈占，孙奇逢家园大部被占，只能避居新安，以教学为生，三年后又远走他乡，漂泊苏门。在辉县，当清军过境的时候，肆意掳掠，大兵冲进了夏峰村，当时孙奇逢已经是年近九旬的老人了，众人搀扶着他，颤颤巍巍，藏身楼上，其子望雅把家里的被褥、鸡鸭给他们，任他们席卷而去。在这样的情况下，孙奇逢能够为下层百姓做的其实是非常有限的。

然而，即便如此，孙奇逢也是尽己所能，力所能及地做一些护佑乡里的善事。南下苏门之后，随着声望的日隆，他与地方官员建立了密切的关系，卫河使马光裕以夏峰田产相赠，河南提学副使、卫辉知府等官员登门拜访，卫辉府推官和永年、密县、登封等县知县执贽称弟子，这使他在官员之间具有了较大的影响力。他常常瞅准机会对他们进行勤政爱民的引导和教诲。比如，顺治十六年（1659）八月，山西蒲县知县王慎之前来拜访，临行言别，孙奇逢谆谆教导："君廉慎人也。慎于己者必廉于职。""打起精神，为地方造福，便是为自己造福。君家武城里人，学道爱人，拭目望之矣。"

顺治年间为贯彻"逃人法"，朝廷曾有勒令流民回籍的谕旨，很多地方奉行起来急若星火，不容分辩。流民经过十多年的辛勤劳作，除荆榛，开荒莱，大多已经安顿下来，不愿意再回原籍。回籍令一下，众多百姓被迫就道，扶老携幼，破家鬻产，哭声震天。有不少流落到卫辉府的容城故旧找到孙奇逢，希望他能够替他们说句话，使他们可以留下来。对此他虽无能为力，但心中常戚戚焉，总想尽己所能，为这些饱经颠沛流离之苦的人做些事情。顺治十三年（1656）六月，他给弟子、任职仪封知县的崔维雅写了一封书信。他在信中说："一分休息，一分安养，古称循吏，意在斯乎！"提醒崔维雅注意分辨逃人与一般的逃难百姓，能宽一分则宽一分。其苦心可见一斑。

虽然很多时候不便多言，但他时时关心百姓疾苦，留意地方利弊。他从辉县的现实出发，认为当时主要的问题有两个。其一，豆草[①]号马[②]混为一谈，胥吏上下其手，加重百姓负担。其二，关于钱粮征收，一方面，荒田不除，累及无辜百姓，造成民流而田愈荒的恶性循环；另一方面，地方官为求升迁，积极报垦，报垦意味着新增纳税田亩，报垦越多，赋役越重，越民不聊生。这些问题愈演愈烈，孙奇逢看在眼里，急在心里。

康熙十四年（1675），已经是九十二岁高龄的孙奇逢连续写了两篇文章——《救时议》和《荒田议》，就这些问题提出了自己的意见。针对第一个问题，孙奇逢认为豆草本来就是正供的一部分，理应纳入钱粮一同核算，而不应该和号马混为一谈。当时平定三藩的战争正在湖广等地激烈进行，官府向民间摊派了大量征发马匹的任务。在地方官府征发的过程中，胥吏上下其手，故意把买马雇马之役和豆草混在一起，把花户[③]也搞得糊里糊涂，然后胥吏才好从中渔利。他提出的解决办法是：酌事机之轻重，量时势之缓急，合盘打算，彻底澄清，务绝影射之奸，痛惩贪顽之习，庶几甲不至于累乙，牛可免于羊代。

针对第二个问题，孙奇逢认为关键是抛荒田地的赋役不应该累及他人。因为如果摊及他人，则受累之人无法承担重负，也不得不逃，逃者日重，则荒田更多，钱粮就更难以完成。正是这个原因，有两位知县，都是孙奇逢所熟识的朋友，一位上吊而亡，一位忧郁而死，造成悲剧。在这种情况下朝廷诏令又催促州县官员报垦，不但无助于问题的解决，而且是火上浇油。孙奇逢的建议是：“目前宜急议除荒，荒除矣则民之复业者必众。复业者众则荒不期开而自开，民与国两有利焉。”真是金玉良言。

① 豆草：赋税的一种，由北方各州县征收，以供边防军队饲养马匹。

② 号马：清初，政府向州县强行征收的马匹，属于临时性强制征派。

③ 花户：指拥有田产、有纳税义务的民户。

二、气迈迈率众守御

（一）守御容城

容城地近京城，在明末崇祯年间，数次遭受满洲八旗的蹂躏。

满洲人就是唐宋时期的女真人。他们长期生活在东北长白山、松花江一带，以游牧、采集为生。北宋时期，以完颜阿骨打为首的女真人异军突起，建立大金政权，灭掉契丹，又向南用兵，攻破东京汴梁，灭掉北宋，控制了淮河以北的中原大地。后来金为蒙古人所灭，进入中原地区的女真人也被汉化，融入中原汉族之中了。但东北仍然有很多女真人，因为较少受到中原文化的影响，仍然过着采集、游牧的生活，仍然以部落为组织形式，所以被称为生女真。明朝在东北设立了奴尔干都司，这些生女真即处于明朝的有效管辖之下。他们向朝廷称臣纳贡，但朝廷并没有能够编户齐民，实行直接的统治，而是因其俗而治之，他们具有很强的独立性。

明代中期以后，女真已有崛起之势，李成梁长期守卫东北，采取分而治之的方式，任凭女真各部落之间相互仇杀，以此削弱女真势力，从而坐收渔翁之利。但在努尔哈赤势力崛起之后，迅速统一女真各部，这一策略失灵。万历四十四年（1616），萨尔浒一战，努尔哈赤以少胜多，大胜明军，辽东遂不可收拾。此后，努尔哈赤和他的儿子皇太极不断发起对大明王朝的进攻，步步紧逼，先后攻克抚顺、沈阳、辽阳，直逼山海关。他们又征服察哈尔等蒙古部落，为灭明做好了充分的准备。

崇祯初年，袁崇焕镇守宁远，朝廷倚为长城。然而，崇祯二年（1629）皇太极绕道蒙古，从喜峰口入关，克遵化，兵锋直抵北京城下。袁崇焕曾许诺崇祯皇帝五年之内打败满洲，收复辽东，没想到袁崇焕不但没有收复辽东，反而让皇太极兵临北京城下，动摇国本。崇祯皇帝龙颜大怒，逮捕袁崇焕，凌迟处死。袁崇焕死后，辽东更加防守无人。满洲八旗分别于崇祯九年（1636）、十一年（1638）、十五年（1642）三次入关作战，进攻一次比一次猛烈，扫荡范围一次比一次扩大，所到之处，烧杀抢夺，捆载而去，畿辅陷入巨大的灾难之中。

容城位于畿辅地区，长期的太平生活使百姓唯知耕耘桑麻，不知有兵，猝然而至的战事使他们惊恐不安。孙奇逢身为孝廉，为一方民望，三乡五里的邻里亲友百余家聚集在北城村，希望他能够想想办法，保护乡里。此时，容城知县也派人邀他入城协防。于是，孙奇逢率众入城，组织容城的防守。好在这次是一场虚惊，八旗兵并未攻至此地。目前没有资料说明孙奇逢在率领乡邻亲族进入容城后如何训练乡勇，所以，我们无法知道其中详情。但第二年，也就是崇祯三年（1630），巡按御史黄鹤岭上疏朝廷请求征聘孙奇逢，其中讲道："容城县庚子科举人孙奇逢可与谋大事。向地方有事，与鹿善继皆乡居，团聚乡兵，隐然成一重镇。"从这寥寥数字，可以知道孙奇逢确有团练乡勇的举动，而且"隐然成一重镇"，规模应该不小，引起了巡按黄御史的特别关注和高度赞赏。

崇祯九年，满洲八旗再次入关。这次，孙奇逢举家入城，随行者数百家之众。事实证明，孙奇逢有着非凡的组织能力。一方面满洲八旗攻势凌厉，中原官兵谈满色变，一方面大明王朝人浮于事，军备废弛。容城城墙坍圮、损毁严重，年久失修，有些地段已经不能叫作城墙了，只是角度较大的土坡，牛羊可上。面对这种情况，孙奇逢鼓舞士气，组织人马，一边日夜筑城，加强守备，一边加强守城壮丁的训练。孙奇逢分守的地段是城墙的西北一带，正好是清军正面进攻的方位，他不敢懈怠，吃住在城头之上，昼夜巡视，筹划战备，组织抵抗。容城士绅还想方设法来鼓舞士气。比如，士绅们重整关帝庙，并带领众人举行隆重的祭祀关帝的仪式。在祭祀仪式正在进行的时候，突然有一位士绅惊呼："关帝老爷显灵了，你们看，满脸都是汗水！"大家举目仰视，关帝神像似乎真的有汗珠出现。人们奔走相告，这一消息迅速传遍了城内各个角落，于是群情激奋，士气大振。

清军猛攻七昼夜，容城军民拼死抵抗，越战越勇，最后竟然奇迹般地守住了城池，保住了一城百姓的生命和财产。要知道，当时清军攻遵化、下昌平，兵锋所至，立为齑粉，即使是赵率教、祖大寿这样久经战阵的宿将，率领骁勇善战的辽东兵马，也不过是兵败身亡。也是在此时，鹿善继入城守定兴，经过一场惊心动魄的血战，最后城破殉难。一个小小的容城县城，居然能够依靠自己的守卫躲过一劫，实在是难能可贵。孙奇逢的才干再一次引起朝廷的注意，当时的直隶巡抚张其平以“守御”向朝廷举荐孙奇逢，朝廷立即征召入朝，加一级拜官。孙奇逢坚辞不出，此事作罢。

（二）守御五公山

崇祯九年（1636）容城的守御成功后，孙奇逢意识到京畿地区可能会面临清军更猛烈的进攻，所以向容城知县建议整修城池，训练乡勇。但他的建议都被当成了耳旁风，没有人真心去做。看到容城已不可与共守御，孙奇逢不得不另谋守御之道。

易县五公山（五峰山）山顶上的寨堡遗址

经过细致的考察，五公山进入了他的视野。五公山位于易县西南部，距离容城一百七十里。此地还是文化积淀深厚之区，据《水经注》记载：“易水出西山宽中谷，东径五大夫城南。昔北平侯王谭，不从王莽之政，子兴生五子，并避时乱，隐居此山，故其旧居，世以为五大夫城，即此。”北平侯王谭和儿子王兴不满王莽的篡政，王兴的五个儿子曾避乱隐居于易县五公山下。后世敬仰他们的凛凛正气，以“五大夫城”来称呼他们当年的隐居之地。元代刘因曾来此寻访古迹，留下了吟诵《洪元宫》的佳句：

树边平野接晴霞，脚底清江走白沙。

方外道人留客住，门前尘世倩山遮。

自惭烂赏无多暇，更有行窝第二家。

烟雨两坡皆古木，兴来便作上天槎。

刘因不仕元朝，是孙奇逢敬佩的气节之士。这可能是孙奇逢选择五公山作为守御之所的重要原因。另外，五公山群山连绵，地势险要，易守难攻，正是结寨防守的好地方。

事情的发展果然如孙奇逢所预料。崇祯十一年（1638），清军发动了更为猛烈的入口之战，横扫直隶、山东州县，兵锋直达山东济南和河北邢台，督师卢象升血战殉国。孙奇逢携兄弟宗族戚友来到五公山筑寨守御，闻讯前来相依者数百家，男女老少共有数千人之多。他明确职守，部署防务，筹划后勤保障。到崇祯十二年（1639）春天，清军渐次退去，畿辅趋于平静，五公山避难众人才逐渐散去，各归其家。孙奇逢受到随行弟子定兴百楼村的耿氏兄弟的盛情邀请，移居百楼村，授徒讲学。

崇祯十五年（1642）十一月，清军再次入关掳掠。当时身在百楼村的孙奇逢闻警再次带领亲党弟子进入五公山。这次清军攻掠的范围非常之广，畿南、山东州县相继陷落，鲁王朱以派自杀。五公山尽管偏僻，也未能躲过清军的进攻。第二年的三月二十七日，清军袭来，五公山的战斗终于打响了。在清军进攻之前，孙奇逢指画已定，做好了充分的准备。孙奇逢非常重视量才用人，平时注意观察各人的特点，知道每人的长处，战时方可择才而用。这次入山后，孙奇逢马不停蹄地指画任务，“夏鼎相视路径险阻，郭翼明酌度守御情形，部署诸同人量才分守，李子靖率其子祁守扼要。”因为用人得当，众人同仇敌忾，奋勇抵抗。战斗从辰时开始，一直持续到午时，清军最后悻悻离去，守御之战大获全胜。事平，孙奇逢抚恤伤亡，祭告山神，返回百楼村。不久，李自成逼近京师，孙奇逢第三次率众入五公山避难。李自成败走后，孙奇逢回到北城家中，此时江山易色，已是清朝的天下了。

崇祯年间的畿辅地区是极为险恶的地方，清军屡次蹂躏掳掠，兵锋所向，城池纷纷陷落，有奋起抵抗者，多遭杀戮。鹿善继、孙承宗曾经在塞外率数十万骁勇将士与满洲八旗鏖战，威震一方，然而在崇祯九年（1636）、崇祯十一年（1638）抵抗满洲八旗的战斗中都以身殉国。而孙奇逢以举人的身份奋起抵抗，却能够保住亲党弟子的身家性命，真正是一个奇迹。

这显示出他杰出的才能。他善于审时度势，知容城已不可守，就果断放弃容城的守御，转而守御一百七十里外的五公山寨；他知人善任，调度有方。他更善于鼓士气，一人心，促团结，把众人的力量汇聚在一起，形成一支巨大的力量。在五公山防守时，他最为关心的事情是如何团结众人，同心协力守卫山寨。经过深思熟虑，他写下了《山居约》，在随行的众人中反复宣讲。这篇公告性的文字收录在《夏峰先生集》中，因为它对于我们了解孙奇逢的思想、谋略和才能非常重要，所以全文收录如下：

> 一严同心。语云：“二人同心，其利断金。”则同心之难也久矣。凡我同志，既切忠孝之念，思一当以报国家，败群之人不可不严也。与其交而后择，何如择而后交。

一戒胜气。古来善谋事者，可否相资，谋断互措。虞帝且好问察，武侯且集众思，我辈正不必以预知自雄也。和衷之雅既难得之庙堂之上，平和心气且有望于二三兄弟。

一备器具。备弓矢者，什伍衣带便不可缓，有枪炮者，火药铅子万不可缺。同志中有既乏勇力又鲜器具者，或量备铅药等物。总之，各办一点公心，共图保御，如一身一家，方可同济患难。

一肃行止。或行或止，次序不可紊也。宜推勇力善射者数人为前驱，为后劲，一遇警，乃止齐焉。同向敌人，弓矢相环，枪炮递进，立的脚定，便可以少胜多。

一储米豆。民间之苦至今日极矣。供米供豆，借题目，充私橐，饱衙蠹，此不必言。独以终岁勤苦，一闻敌来，委之不可知之人而去，况迩来盗贼啸呼，饥民丛聚，一有警，谁与汝守此粮乎？何如早为计之。粮与人相随，犹得饱一日之腹也。

孙奇逢是一位理学家，深受阳明心学的影响，他关注人心，善于从心理的层面解决问题。以上《山居约》五条，其出发点就是要解决人心不一的问题。

“二人同心，其利断金”，语出《周易》。孙奇逢深知世人相处时同心之难，所以在不同的场合反复强调经典中的这句名言。而同心必须有根基，建立在坚实的基础之上，这个基础就是圣贤之道。孙奇逢团聚众人，时时以忠孝之道教化众人，接受这个观念的就是同志，不接受的，非我同志，也不必与我同在一处相聚。我们理解，这就是其中所说的“与其交而后择，何如择而后交”的意思。不但如此，所有相聚者必须戒除“胜气”。

晚明庙堂之上宦官窃权，士大夫好名，党派间纷争倾轧，以至于乌烟瘴气，国社倾覆，令人扼腕叹息。有鉴于此，孙奇逢号召随同诸人放下相互的猜疑、嫉妒，平和心气，和衷共济，同心合意，共克时艰。但这些不能仅停留在口头上、意念上，必须付诸实际。数千人团结在孙奇逢周围，保聚五公山，粮食供应成为了大问题。有的人不愿意把所有的粮食都带上山，要留一手，就埋在自己的家里。大家带上山的粮食也是各吃各的，结果有的人家口粮有余，有的人家却无米下锅。这严重影响了群体内部的团结，也是考验众人能够同心的现实问题。

孙奇逢要解决这一问题，首先以身作则，把自己家里所有的粮食与大家共用，毫不顾惜，只要是跟随他的人，都有吃的，结果十多天存粮告罄。孙奇逢的这一做法深深感动着随行众人，大家纷纷拿出自己家的粮食与众人共享。孙奇逢不断强调同舟共济的道理，号召大家“各办一点公心，共图保御”。定兴人耿极是孙奇逢的学生，也是举族随从孙奇逢保聚五公山的重要力量，他们家是远近闻名的大户人家，积粮盈仓，又距离五公山较近，在孙奇逢的感召之下，耿家的粮食源源不断地运往五公山，“散尽家中万石粮，能保五公兵马强”。严同心、戒胜气、备器具、储米豆，都是为了合众心为一心，这是“体”，一人心、鼓士气的“体”，而“肃行止”则是“用”。人心既已合一，号令必定遵行，或者前进，或者停止，次序井然，“弓矢相环，枪炮递进，便可以少胜多”。

他不但强调守御众人内部的团结，还特别注意同五公山周边居民关系的和谐。数千人集聚在一处，既要生火做饭，又要喂养马匹，就近在山上砍柴刈草就成为一个普遍的现象，这引起了周边居民的严重不满。孙奇逢意识到，如果得罪周边群众，五公山山寨将不攻自破，这是一个关系山寨生死存亡的大问题。于是孙奇逢写下《严樵牧》的公告，约束众人，禁止就近樵牧。这些措施改善了他们与附近山民的关系，赢得了他们的拥护，当危险逼近时，他们纷纷上山，成为山寨的守卫者。

守御五公山是孙奇逢一生中最为艰难的时光之一，远离家乡一百七十里之遥，背井离乡，衣食常常不济。他在给友人的信中还讲到在去往五公山的路上遭遇强盗的情节，“衣物牛畜俱被掳掠”，困苦不堪。颠沛流离的生活使孙奇逢的弟弟孙奇彦一病不起，病中长夜不眠，十分痛苦，为排遣漫漫长夜，孙奇彦常常用吟诗的方式来减轻痛苦。孙奇逢兄弟情深，长夜相伴，挑灯对坐，吟诗以和。孙奇逢开始还可以支撑得起，后来渐渐地承受不住，忧伤加上劳累，大病一场。没有多久，孙奇彦撒手人寰，孙奇逢也在病榻上昏睡不起。弟弟去世，入殓五天后，孙奇逢才慢慢地从昏睡中苏醒过来。闻听弟弟去世已经多日，他悲伤欲绝，痛哭不已。俗话说：福无双至，祸不单行。弟弟孙奇彦去世刚刚七天，孙奇逢的侄媳妇又因病去世。孙家两口棺木停丧在地，哀声遍野，痛苦愁烦的气息笼罩着整个五公山。尽管如此，孙奇逢并没有被艰难困苦所压倒，他深知自己是这个群体的主心骨，他以顽强的意志和乐观主义精神带领大家训练弓矢战阵，积极备战，终于打退入侵者的进攻，在朝代更迭、尸横遍野的特殊时期保卫了数千人的生命安全，成为一方的保障。

清军入关，大明王朝顷刻国社覆亡，剃发易服，大明衣冠顿成落花流水。中原士人产生了强烈的文化危机感。孙奇逢以刘因为榜样，高蹈不仕，举起儒学文化大旗，以道统自任，教授生徒，扩大儒学影响。孙奇逢为学以阳明心学为根底，和会朱陆，回归孔孟，主张布帛菽粟即道学，学问在日用饮食之间，不事口说，躬行实践，诚朴笃实。同时，鉴于明亡的教训，把中庸融入节侠，反对侠气，主张宽和、包容，要求君子包容小人，涵养小人，化小人为君子，从而把儒学推进到了一个新的高度。

一、弘道于天崩地裂之际

孙奇逢的一生经历了明代万历、泰昌、天启、崇祯和清代的顺治、康熙六个皇帝的统治，从天下太平到屠戮杀伐、改朝换代，再由动乱趋于安定，他经历了明清之际的整个动荡过程。

大明覆亡时孙奇逢已经是年过花甲的老人了，但为了弘扬华夏文化，他越发地发愤读书，笔耕不辍。他在明末就已经和最要好的朋友鹿善继着手收集理学宗师语录，顺治四年（1647）在新安正式开始编纂工作，历时近二十年，反复修订，数易其稿，到康熙五年（1666）最终完成了他的皇皇巨著《理学宗传》。在这部书中，他在韩愈道统说的基础上，以羲皇、尧、舜、禹、汤、文、武、周公构成的上古之统和孔子、颜、曾、思、孟所构成的近古之统

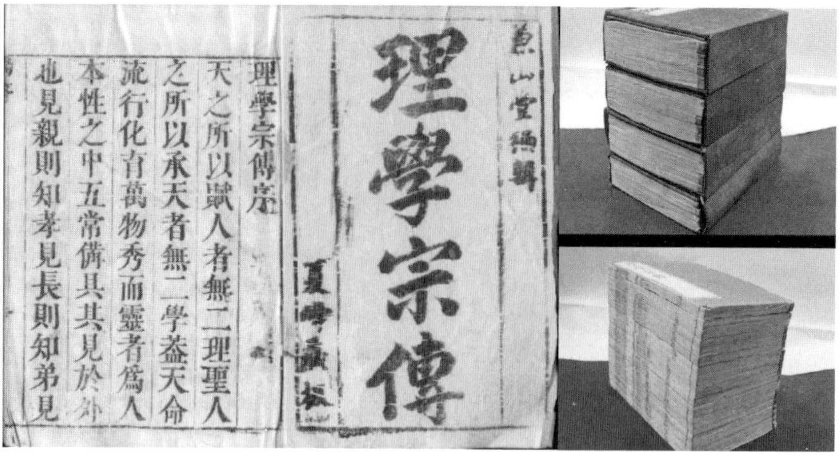

孙奇逢最重要的著作《理学宗传》

为前提，构筑了周敦颐、二程、张载、邵雍、朱熹、陆九渊、薛宣、王守仁、罗洪先、顾宪成所构成的道统体系，显示出他高举孔孟旗帜，融合程朱、陆王两派以弘扬大道的努力。在移居百泉之后，他又与“三无道人”李尌研读《易经》，反复讨论，有所得辄记下来，积少成多，写出了《读易大旨》。

除了《理学宗传》《读易大旨》，在六十岁之后他又撰写了《四书近指》《中州人物考》《畿辅人物考》《日谱》等著作，可谓著作等身。尤其是《日谱》的撰写，始于顺治六年（1649）十一月，讫于暮年，前后近三十年，逐日记述每日应事接物、读书心得、师生答问，以及来往信札，无论颠沛流离，还是风雨寒暑，极少间断，其倡导的精神与持之以恒的毅力让人肃然起敬。

广收弟子、授徒讲学是他弘扬道学的重要途径。他的弟子中既有汤斌、魏一鳌、崔蔚林、耿介这样的入仕官僚，也有张果中、王余佑、钱佳选、赵宽夫等不计其数的青衿士人；既多入门弟子，又有魏象枢这样的私淑弟子；既有默默无闻的乡间士人，也有费密、薛凤祚、申涵光、耿极那样的大名士。他的思想、他的人格魅力吸引着远近学子负笈而来，形成了覆盖大河南北的庞大的弟子群体。正如时人杨天放在其所撰写的《夏峰歌》中所说："门前履满，敢云洙泗士三千。或负笈水云边，或结茅竹树间。尼山最乐朋来远，齐奋勉。道学种子，今日只一线。"

随着其学术思想的广泛传播和弟子队伍的壮大，孙奇逢的影响日益扩大，他成为和浙东黄宗羲、关中李颙齐名的清初三大儒，理学也因之而日彰。

二、回归孔孟倡圣道

（一）北方王学的新发展

孙奇逢的思想学术根源于阳明心学。龚书铎先生主编的《清代理学史》把他列入清初王学遗续，是中肯的。

虽然到万历中期，阳明心学已经风靡天下，但北方社会较少受其影响。黄宗羲在《明儒学案》中专列了北方王学一节，介绍了以张后觉、孟秋、尤时熙和孟化鲤等人为主力的北方王学在东昌和洛阳地区的传播。然而总体上说，北方仍然是程朱理学的天下。就拿孙奇逢来说，他十七岁考中举人的时候，他的房师韦石麟在他的闱卷上写下了这样的批语："疾徐丰约，一准程朱。"而孙奇逢感到奇怪，说他当时对于程朱理学还没有窥其门，自己的文章如何会"一准程朱"呢？这其实正好说明，经过二百年的涵化，程朱理学已经深入人心，士人说着程朱的话，尚不知是程朱的话。对于阳明心学，孙奇逢却是很少耳闻。一直到万历四十一年（1613），孙奇逢三十岁的时候，才从鹿善继处得读阳明《传习录》。很多年后，孙奇逢回忆当时情形的时候，还能清楚地记得当时浏览该书时的喜悦。

这里不能不讲到鹿善继，他是对孙奇逢思想的形成影响最大的一位学者，也是孙奇逢一生最为要好的道义之交。

鹿善继，字伯顺，出生于定兴县江村一个官宦世家，祖父鹿久征，万历八年（1580）进士，宦游江南，官江西道监察御史，嗜好读书，耿介正直，忠孝传家。虽然鹿善继和孙奇逢分属定兴和容城两个县，但江村距离孙奇逢的家乡北城村只有三十里，并不遥远。

万历二十五年（1597）孙奇逢进学时，鹿善继过访，两人说话格外投机，相见恨晚，从此鹿善继小住北城就成为常事。孙奇逢会试失利，两人以王阳明的名言警句相互劝勉：世人往往以不得第为耻，而我则以不得第动心为耻。孙奇逢的父母相继去世，兄弟四人在墓前搭起草棚，为父母守墓，一守就是六年。鹿善继经常过来吊唁，与孙奇逢畅谈孝悌之道。鹿善继登第后，结识了很多东林人士，如左光斗、魏大中、周顺昌、范景文、耿如杞等，他把这些人又介绍给孙奇逢，相互之间研读学问，砥砺气节，志同道合。

崇祯三年（1630），鹿善继辞官返乡，孙奇逢带着子侄、弟子来到江村，两人日夕相伴，商讨学问大旨，两家门人相互问学，书声琅琅，弦歌起伏，在刀枪激越的危机时刻营造出一个文教雍睦的小天地。孙奇逢自己说："余不肖，一年强半寄迹江村。"可见两人关系之密切。

崇祯九年（1636），鹿善继守定兴，城破被杀，孙奇逢闻讯哭之甚哀。孙奇逢从鹿善继处得读阳明先生《传习录》，一生学问根基于此。两人都是阳明心学的信奉者，"平昔聚谈，每过子夜，无隐不晰，无衷不吐"，真可谓志同道合。

由于北方独特的学术氛围，鹿善继接触阳明心学也颇为不易，有一段曲折的经历。鹿善继在学习过程中，注意到家藏各种版本的四书注疏中有引用《传习录》语句的，其中的只言片语往往能够揭开心中谜团，令人豁然开朗，故而他开始注意到这本书，并着意搜寻、购买，但搜遍当地书肆，并不见有《传习录》出售。不得已，他就写信给在南方做官的祖父，求祖父代为购买。第二年，鹿善继收到了祖父寄来的《王文成公全书》，从此每天诵读，慨然有必为圣贤之志。鹿善继虽然同王阳明没有直接的师承关系，但他私淑阳明，可以说，《传习录》一书奠定了鹿善继一生思想学术的基础，而鹿善继对《传习录》的研读和尊崇又直接影响了孙奇逢。

鹿善继的思想核心是他在阳明心学基础上提出的“反约之道”。鹿善继强调学须有着落，有把柄，“学无着落，必堕玄虚，学无把柄，必堕支离，尝为之言曰：着落在万物，把柄在一心。识得把柄，才好下手，大丈夫举头天外，此心此理皆同，为圣为贤在我”。由此可知，鹿善继是把朱子学易堕支离的缺点和阳明学易入玄虚的缺点看得很清楚，所以，他力图寻找一条兼具两者之长又避免两者之短的中间道路。

这条道路就是“反约之道”。他在《四书说约》一书中反复讲解反约的道理：人与天地万物为一体，天理运行即在人心，这个一体之仁就是良知，人人皆有，非独圣人。孔子说：“博学于文，约之以礼。”礼者，理也，这个理是每个人心中本来就有的。“孔子以博文约理铸颜渊，亦就颜渊自有之理铸之。特自有者不能自现，不无待于循循之诱。因诱自得其颜渊，原不借理于孔子。故曰：博我以文，约我以礼，颜之认我即孟之所谓反也。”所以，学问的关键在于把自己心中本有的天理从隐蔽的状态中显现出来，也就是所谓的“自反”，也就是读圣贤书而反求之心。这就是学问的把柄，是克服朱子学易堕支离的途径。但仅有把柄还不够，仍然难免堕入玄虚，为此，必须为自己的学问寻找一个着落，这个着落就是“子臣弟友”，就是“以身实践之”。所以，他的反约之道建立在阳明心学之上，有两个核心：反求之心和以身实践。

反求之心，即良知俱在，不假外求，除去心头阴翳，保守本心的善良，带有阳明心学的典型特点，这就是把柄。单有把柄，必然堕入玄虚，这也是王学遭到诟病的主要问题所在。所以，要克服王学弊端，就必须给阳明心学寻找一个根基，具体地说就是把忠孝礼义落实到家事、国事、天下事之中，不尚口说，躬行实践，这是鹿善继所说的着落，也是他学问的最大特点。

反求之心，以身实践，发愤而为，由此可以达到学问的最高境界——孔颜之乐。他自己总结说：

> 吾人心中有趣，才得乐。而趣从何生？从不愧不怍而生。愧怍何由去？从自尽本分而去。如不奋发做起，只一味随俗沉浮，则本来之面目不开，世俗之缠缚渐固，因无用力处，遂无得意处，毕世戚戚，哪有出头日子？故需把自家万物一体的本性提起，用十分力量保护之，于随时随处实实求尽一捧一痕、一掴一血，这样吃紧功夫，才得本性。……孔子自谓发愤忘食，乐以忘忧，盖愤处就是乐处，尝愤便尝乐，愤乐无穷，并行不悖。故仁为己任，即功夫已到，难忘忧病之怀，而内省不疚，即恂慄无息，自有心逸之妙，君子以众寡小大无敢慢为泰，名教中乐地固如此也。人不于此处求乐，而求于境，岂知待境而乐，已在难必之天。

奋发做起，抵挡流俗，摆脱玄虚，乐而忘忧，从而达到孔颜乐处的至高境界，这就把阳明先生的知行观推到了一个新的高度。

孙奇逢是从鹿善继处得读阳明先生《传习录》，接受了阳明心学。他二人又朝夕相处，研读经典，切磋学问，可以说，鹿善继是孙奇逢思想的一个重要源头。

除了鹿善继，孙奇逢的思想还受到东林学派的深刻影响。明末社会矛盾极其尖锐，朝政污浊、外患日迫，看似庞大的大明王朝危机四伏，士人预感到大厦将倾。在这样的背景下，顾宪成讲学于东林书院，一呼百应，动员起一股强大的社会力量，要拯救危机，挽大厦于将倾。东林学术源于阳明王学，而又对阳明后学的空疏进行了猛烈的抨击，走出王学藩篱的东林诸贤为学最大的特点是关注社会现实，也就是东林书院的楹联所说的“风声雨声读书声声声入耳，家事国事天下事事事关心”。除了这个特点，崇尚气节是东林党人的又一个鲜明特点，无论是争国本、三大案，还是天启朝与阉党的政治斗争，东林党人都是高举道义的旗帜，铿锵激越，歌呼慷慨，视死如归，令人敬仰。

孙奇逢作为一位燕赵侠义之士，对东林党人严霜一般的气节充满仰慕之情。他通过鹿善继结识了左光斗、魏大中、周顺昌、孙承宗、范景文、钱谦益等大批的东林党人，当左光斗、魏大中之狱发生的时候，他同张果中及鹿善继的父亲鹿正置个人安危于不顾，慷慨相助，赢得了“范阳三烈士”的英名，也赢得了社会的尊重。

他对东林诸贤的学术也是深为服膺。万历末年高攀龙、邹元标、冯从吾在京师聚众讲学，孙奇逢极为向往，但因种种原因未能前往一听，深感遗憾。为此他还写了一首长诗以表达他的惆怅之情，其中讲道：“卓哉三君子，立身如日杲。言为世羽仪，披对尘心扫。古人异代交，犹思荐苹藻。我虽觏面违，私淑岂草草。”一直到他的晚年，提及三位先生京师讲学的往事，还说他们是“为天地留元气”。

顺治十一年（1654）前后，他得读顾宪成的集子，喜悦之情无法掩饰，他说：“晚得泾阳诸集，读之开豁洞达，晰义甚严而持论甚正，评人处不徇不刻，自是迩来诸儒之冠。”每天徜徉其中，废寝忘食。在得读顾宪成的文集之后，孙奇逢重新修订了他几乎已经是定稿的《理学宗传》，在其中最为重要的部分——传宗录中增加了顾宪成，和周敦颐、二程、朱熹、王阳明等大儒并列，可见他对这位东林党领袖思想的认同程度。

正因为如此，他的思想、他的行事为人都深深地烙上了东林党的印痕：崇尚气节，关注社会，功夫和本体并重，躬行实践，在日用饮食中体贴天理。

（二）和会朱陆重践履

1. 调和陆王，回归孔孟

到晚明的时候，宋明理学已经经历了五百年的发展，有了深厚的思想积淀，同时也出现了不同的学术见解，形成了千流万派争鸣不已的局面，其中最重要的当然是程朱理学和陆王心学的对垒。各派固守师说，相互攻讦，势同水火。

面对各派的纷争，孙奇逢倡导回归孔孟，打出孔孟的旗帜以统合各派。《理学宗传》是孙奇逢一生最重要的著作，在这部书的序言中，他利用《周易》元、亨、利、贞的逻辑框架，构筑了儒学的传承系谱。羲皇、尧、舜、汤、文、武、周公构成的远古系谱渺兮远矣，姑且不论，孔子以降的中古传承系统是后世学术的真正源泉，孔子为元，颜曾为亨，子思为利，孟子为贞，所谓大德之敦化。宋明理学派分系衍，所谓小德之川流。理学的各流各派都源自孔子、颜曾思孟这一中古的传承系统。无论各派如何歧异纷起，争论不休，甚至水火不相容，但他们思想的唯一源头都在于孔孟。正因为如此，为统合各派，孙奇逢跳出了理学的圈子，打出孔孟的大旗。

孙奇逢对于孔孟之道有深刻的理解，他的著述中关于儒家元典疏解的就有《四书近指》《尚书近指》《读易大旨》三部。在《四书近指·序》中，孙奇逢把孔孟之道与天联系了起来。他说：心以天地万物为体，孔孟之道讲尽心知性以知天，就在天与心之间架起了一道沟通的桥梁。而尽心知性需要一套坚实的功夫，那就是时习，所以，孙奇逢拈出孔子“学而时习之”一语为关键，尽人以合天，把天则与人道沟通起来。

孙奇逢认为，“学”的外延极其广泛，修己治人，亲师取友，理财折狱，用贤远奸，郊天事神，明理适用，所有这些都是“学”，“四书”都可以“学”字统领。但徒有“学”，纵然读书破万卷，终究与自己的身心绝无干涉，没有意义。“学”必须落实到身心性命上来，尽心知性，即所谓的“时习”。“时习一语，足尽诸贤之蕴。故曾子得之而明德至善，子思得之而修身而教，孟子得之而集义养气以塞天地，皆所谓一以贯万者。”他强调时习功夫在日用饮食间，他有一句非常有名的对子，叫作“不离日用饮食内，直造先天未画前”，说的就是这个意思。可见，孙奇逢把孔孟圣贤之道视为天人之际的最高学问，而且强调躬行实践，把这套学问落实到了日用饮食之中。

每当遇到争论朱陆异同的辩论时,他总是通过回归孔孟来消弭纷争。一次，有人抨击陆九韶、陆九渊兄弟的学说为伪学，为禅学。孙奇逢当即给予了反驳：从周敦颐、二程、张载到朱熹，传孔夫子之道而未能穷尽其妙，陆九渊不合于朱熹，未必不合于孔夫子。尤其是对孟子的阐释，陆九渊是很深刻的，可以说深得孟子之旨，当然不能否定陆九渊圣经贤传的阐释之功。他强调说：儒者谈学，不啻数百家。争虚、争实、争同、争异，是非邪正，儒释真伪，雄辩无已。但只要一折中于孔子之道，则诸家的分歧立即消失了。无论是谁，都不敢说穷尽了孔孟之道，各家都从不同的角度、不同的路径阐释孔孟之道，都有其值得肯定的地方。所以不必强求完全统一，他经常引述孟子所讲的伯夷、伊尹和柳下惠的差异来说明朱陆等学派不同的合理性。正因为各派之间相互不同，而又同为孔孟之道的派衍，所以才可以相资为用，他说：“天下事唯邪正两家调停不得，既是一家，何不可相忘而共谐大道？”

回归孔孟使孙奇逢对理学各派的调停成为可能，从而确定了他的学术品格。然而，对于孙奇逢调和朱陆思想的认知并不能到此为止，在调和朱陆思想的背后，还有更值得我们关注的思想珍宝，那就是他对中和思想的发展。

2. 对于中和思想的发挥和运用

主张博采众长，学习吸收各个学派的长处，反对盲目批评，这是孙奇逢在调和朱陆之时表达的理念。他批评儒者好议：

> 宋儒固大有功于吾道，但开口便说汉儒驳杂。夫经书传注，未尝不资汉儒，亦有不及汉儒者。乃讥其训诂，谓汉无人，恐不足服汉儒之心，以服天下后世之心。此宋儒议汉儒太过。
>
> 近世有见与程朱偶左者，便谓得罪于圣人。夫解《易》者岂遂尽《易》之奥乎？解《春秋》者岂遂尽《春秋》之旨乎？唯圣人知，圣人何妨稍示虚公，共质大道？近儒信宋儒太过。然宋儒真切修证，学术大明，道统不紊，信之过者，不失为君子。今之讲学者，本之不务，徒工口说，甚至窃禅之绪余，为圣之秘义，则又讥宋儒太过。甚矣，人情之好议也！

宋儒本是理学的开创者，是孙奇逢最为尊崇的学者，但在这里孙奇逢毫不留情地批评了他们对于汉儒的非议。宋儒偏重义理的阐发，自有其长处，但宋儒所读经书里饱含了汉儒的训诂之功，没有汉儒的整理和传承，宋儒将无书可读。一面读着汉儒的经书，一面诋毁汉儒驳杂，这样的批评能使汉儒心服吗？孙奇逢同时也批评了时儒不务实际，徒事口说，只一味非议宋儒的做法。在他看来，汉儒有汉儒的长处，宋儒有宋儒的长处，取其长而避其短就可以了，何必哓哓不已。这里，他深深地感叹人情之好议的背后，正是他对于中和思想的发挥和运用。

学习人之长，不责人之短，包容，宽和，这种态度表现在学术上就是“调和朱陆”，表现在为人处事上就是中和，就是和谐。所以，孙奇逢的“调和朱陆”不是孤立的，和他待人接物的“和谐”紧密联系在一起，成为构成他思想大厦的重要部分。

孙奇逢的中和思想在实践层面表现为两个层次。

第一个层次是日常生活中待人接物的和谐。

孙奇逢对于“中”有着深刻的理解：“尧授舜，舜授禹，一中而已矣。汤亦曰执中，孔曰时中，子思曰喜怒哀乐之未发谓之中，程门遂以观喜怒哀乐未发气象为相传宗旨。善学者能于未发气象而见程子、子思，则可以因程子、子思而见尧、舜、禹、汤、孔子矣，大哉中乎！中曰和，中不可见而和可见。中又曰庸，中不可为而庸可为。庸德行，庸言谨，以至于谐神人，和上下，中岂有余蕴哉！”喜怒哀乐未发就是中，发而中节就是和。中是视之而不可见的大道，合乎规则表达出来就是和，就是庸，就是天人合一、社会和谐，这是致中和的功夫。孙奇逢的深刻之处不仅在于从中庸之道引申出建立和谐人际关系的思想，更重要的是努力把这一思想付诸实践。

宽容，一个太平常的词汇，但在孙奇逢看来则包含着大学问。他在给弟子王之征的信中说：“大河南北两千里，声气之人不乏。而真实学问者，指未敢轻屈也。古人千里犹比肩，诚非虚语。言念及此，我辈又不容不自勉耳。只以不见人之不是为第一义。处己处人，在家在外，俱当如此。仆近来颇知于此用功，然未免有是己非人之意。莫视此语太平易也。”在他看来，“不见人之不是”是第一义的学问，是他实践哲学的路径。他晚年时时在此用功，但并不能臻于至善，常有“是己非人”的念头跳出来作祟。他特别赞同马援教子的箴言：“闻人过失，如闻父母之名。心可知，口不可言。”把它作为涉世之道列入家训中以教育子孙。不言人之不是，不是不分是非，也不是乡愿，而是心知肚明而不说，更不依此去责备人。

见人之长而不责其短，这是孙奇逢待人接物的智慧。苛责于人则世上没有圣人，“论古人，只宜论其长处，若苛求其短，即圣贤亦不能无过”。短中取长则人人皆可以为圣人，“平生求友，老而转切，顾安得莹然无瑕者而事之友之乎？一事足述，急为援引，要见有满街皆圣人之意，不可令满街人独指我为圣人”，“论人当于短中取其长，不当于长处苛求其短”。

在孙奇逢看来，天理不是很高远的神秘之物，而是体现在日用饮食之中的孝悌纲常，这是人人可以做得到的极卑近之事。所以他说："极卑近乃真高远，极高远总不离真卑近。大圣大贤不能满其量，愚夫愚妇可以造其端。襄臣曰，愚夫能为孝子，则愚夫便是圣人，余曰：'王汝止满街皆圣人，正从此处看出。'"一个人所作所为有一事可被称道，则已造圣贤之端。这是大海一样的气量，以如此的气量看待人，则几乎没有人不可以被接引、包容。所以，即便是刁蛮强悍之人，也多能被孙奇逢所容。他在家训中有"含洪以容横逆"的教导，还说："能多容得几个横逆，愈见德量之渊深。"如此学问工夫，难怪有关的传世文献都说他"一团和气"了。

既然人人可以为尧舜，愚夫愚妇可以造圣贤之端，那么如果有良好的引导和熏陶，可以造就一个风俗醇厚的羲皇世界。基于这样的思想，孙奇逢不遗余力地推行他的教化。他说自己平时"唯有劝人为善一事。与子言孝，与臣言忠，即素不相闻之人有过访而见问者，无不披衷相告……易之道，扶阳抑阴，化小人为君子。民吾同胞，物吾与，此九十岁老人之婆心也"。孙奇逢所到之处，广施教化，官绅富商，贩夫走卒，胥吏农夫，无不受其教泽。

有青衿来访，抱怨起人情刻薄，孙奇逢当即吟诗一首送给他："世人争道人情薄，我谓人情薄亦厚。厚字还从自己生，向人求厚厚何有。"不要怨天尤人，踏实从自己做起，敦风厚俗。

有兄弟两人闹矛盾，争吵不休，孙奇逢开导他们说："是非在他人且不必太明，况乎兄弟。兄念鞠子之哀，不必苛求于其弟。舜不见象之不是，所以能化象。弟笃从兄之义，不可固执于其兄。叔齐甘绝其国，不忍背兄愿公之。兄弟取法，此两大圣人，各见有己之不是，则善矣。"他以舜对弟、叔齐对兄为榜样，告知以是非不可太分明以及兄友弟恭的道理，循循善诱，使兄弟两人重修兄弟之谊。

孙奇逢不仅热心于教化众人，而且能够教化众人，官绅乡民都乐于为其所教，这其中包含着他的教化思想的闪光之处：教化不是要去说服人，而是要用善去涵养人。

他说："气胜则一人不服，心虚则无人不服。无人不服，是取诸人以为善，所谓以善养人者也。养字中有多少涵茹熏陶之意。硬去服人者，器量便躁而浅，人如何肯服？"所谓以善养人，取众人之长，陶冶自己，用自己待人接物的榜样力量感化人，而不是用伦理纲常的教条去教训人。

士人应该有一番陶冶砥砺的真功夫，变化气质的真学问，才能够做到以善养人。所以他谆谆告诫学人要勿自矜，去胜心，除浮气。他说："躁与矜同源，总是气质用事。学不至变化气质，如何便能消除？"只有做到变化气质，才能除去胜心浮气，而要做到变化气质，除读书明理之外，孙奇逢特别注重取友的作用。他说："能取友，则得一胜己者，因知我之不若，则胜己者吾师也；有憎己者，因知我之不肖，则憎己者吾师也。有疑己者，因知我之未信于人，则疑己者吾师也。有异己者，因知我之尚同于人，则异己者吾师也。此之谓能自得师。"这样一位宽容、和蔼、博学的老人，以自己的善行滋润人，涵养人，在家，一家雍睦，在外，一乡和谐。

第二个层次是庙堂上政治运作的和谐。

虽然孙奇逢一生并未出仕，但他同鹿善继、孙承宗、贾鸿洙等人都是相知很深的挚友，而且亲自参与了营救左光斗、魏大中等东林党人的社会活动，对于庙堂政治状况还是非常了解的。他对于宦官窃权、党派纷争深恶痛绝，对明末的政坛恶斗有着深刻的反思。

孙奇逢历来主张宽和包容，在政治领域也是这样。他研读唐史，深深感佩于狄仁杰和娄师德，他说："老夫之所以醉心梁公者，为其能包容女主，不沾沾自求洁身，能忍人之所不能忍，然又在娄师德包容中，而己不自知。师德久为将相，独能以功名终，亦人杰矣哉！"狄仁杰自是一代英豪，历代多推崇他恢复李唐的功勋，而孙奇逢特别强调的是他服侍武后的隐忍和包容。身处明清易代的孙奇逢对狄仁杰推崇的背后实际上是他对明末政治纷争的思考，蕴含着他对各个政治派别的批评，其中也包括东林党人。

尽管他不能跳出古代传统的君子、小人的话语体系，但他对于小人有一种同情之理解。既然儒家强调人性善，良知人人而有，那么小人的性当然也是善的。“人牿亡于旦昼，而休息于夜气，原来一线终不能尽断。所谓善者，性之真体，为不善者，性之浮用。罗子云：体则足以运用，而用不能迁体也，此语有会。”无论小人如何为不善的浮用所扰乱，但性善的本体始终有一线而不绝，所以他提出了“天下无不可为君子之人”的论断，“故君子之待小人，亦未尝疾之已甚矣”。

既然如此，包容小人就是君子政治家应有的基本涵养，但包容本身并不是目的，包容的出发点是改变小人，化小人为君子。他说：“大臣当国，须有一沉深博大之气，不止容君子，并能容小人。不止容小人，并能化小人为君子，才是圣贤心肠，豪杰作用。轻分门户，先横己见，夺小人应得之物，予小人难堪之名。无怪乎彼之无复顾忌，而恣其反噬之毒也。仁人君子，有教养之责者，俱宜念人。”这正是针对明末党派恶斗的情形而发，先横己见，轻分门户，有门户而无是非，阉党固然如此，东林党人亦不能免。“君子小人两不相容，不独小人不能容君子，君子亦不能容小人。不相容未有不相败者。”所以孙奇逢深深地为东林党人感到惋惜。

“小人不足深咎，吾深为攻小人者惜之。天启时党祸之惨，亦诸正人激成之。高阳曾云：攻内魏，宜少宽外魏；攻外魏，宜少宽内魏。一时并攻，彼势相合，祸且立至。此诸君子之失也。”孙奇逢终于把话点破：阉党固然穷凶极恶，但天启党祸也是东林诸贤所激而成。这里孙承宗主要从策略方面说明在同阉党斗争中东林党人四面出击的失误，孙奇逢则直接指出了东林党人做事刻薄、胸怀狭隘，不能容小人、化小人的问题。孙奇逢本身也是站在东林一边的士人，他能做出如此深刻的反思，是非常深刻的认识，掷地有声。

含容小人，教化小人，这是孙奇逢的主张。但如果在实践中不能化小人为君子，那又该如何？对此，他并没有找到积极的答案，而是又回到了传统思想里面。他在给魏一鳌的信中提到杨继盛，他所敬仰的节烈之士："窃思乙丙杨大洪而下若干人、甲申范质公而下若干人，皆有不可逃之义、不可偷之生。若先生者（指杨继盛），一岁四迁，其官分宜，方欲收之为己用。先生不能化小人为君子，则遁迹潜藏，不为小人之用，未为不可。"如职守所在，有不可逃之义，那就要舍生取义，该死不能偷生；如不是职责所在，大可不必为虚名而送性命，遁迹潜藏，辞官回乡也未尝不可。这正是孔夫子的教导："邦有道则仕，邦无道则隐。"

3. 躬行践履，寻孔颜之乐

孙奇逢在《四书近指》中以"学而时习之"来统领他对"四书"的解读，于回归孔孟之中加进了他个人独到的见解，那就是对躬行实践的强调。他同鹿善继等人一样，反对口耳之学，讲求践履之道。而践履是需要下一番扎实的功夫的，关于这个问题，他曾特别提到程颢等先贤，说程颢见到狩猎就喜悦，跃跃欲试，程门弟子谢良佐十年不能除去心中一个"矜"字，薛宣二十年难以除去心中的一个"怒"字，这些都是前贤大儒的真切体会，不要把躬行践履看得太容易。大凡看得容易的，都是口耳之学，不是扎实的践履功夫。

真正的践履功夫是要做一番慎独的功夫，时时戒慎恐惧，时时闲邪存诚。孙奇逢的学术根基在于王阳明，他从"知行合一"说出发，强调功夫即本体。人人生而良知皆备，然而人们往往会于无念之时忽生贪妄之念，并且迅速发展，成燎原之势，自己的良知遂被遮蔽。这是成圣的主要障碍。为此，孙奇逢非常推崇孟子的收放心之说。孟子讲，人心本善，大道为义，只可惜因为私欲横流，良知之心走失，仁义之路断绝。

家里养的鸡犬走失了，人们知道去寻找，自己的良知走丢了却不知道寻回，可惜可叹啊！“学问之道无他，求其放心而已矣。”所以孙奇逢强调“复性”的功夫，以去除私欲蒙蔽，恢复莹然纯洁的自我。把克己、用敬、闲邪存诚等功夫贯穿于收放心之中，时时提醒，默默体认，在言行上求信果，于家庭中尽孝悌，淡其欲富之心，而坚其守贫之念。如此，则其心就会长持凛然之态而不敢放；不敢放，则莹然之我常在，于是就庶几为圣贤了。

要做到这一番慎独、收放心的功夫，就要从当下做起。事物的应酬，念虑的起灭，须时时关心，时时省察，远离非道之富贵，不去非道之贫贱，一日用力则力足，一时懈怠则心放。使自己向道的心变得火热，对道的渴求就如饥而欲食、渴而欲饮那样迫切。

这一番慎独、收放心的功夫从当下做起，并不见得一定要去做惊天动地的大事情，而是从日用饮食做起。学生问：道在何处？孙奇逢回答：道在眼前。学生又问：眼前何者是道？孙奇逢回答：任举一物一事，无不是道。眼前有面对的人，面对的物，还有自我的存在，这都是道，不可以须臾离开的道。能尽人性尽物性，皆是眼前事，舍眼前而向远处寻求道，那就不知什么是道。所以说：“不离日用常行内，直造先天未画时。”

孙奇逢和他的学生在日用饮食间磨炼圣贤功夫，时时提醒，处处省察，把理学真正落实在了日常生活之中。当然在日常的磨炼中也不免会有很多的困惑，阻挡住他们师徒前行的道路。这时候，孙奇逢总是以克去私欲的收放心坦然面对。

有一次，他的得意门生王之征带着一脸的沮丧来向他请教，说：“日用间，起念、举事、接言，头绪时觉错乱，照顾不及时，功夫又断了，此病应如何？”在日用饮食间磨炼圣贤的功夫，绝对不是一件简单的事情，因为那不是一朝一夕凭着一时的血气之勇可以完成的功业，而是一个长期的、克制私欲、不断提高的过程。王之征所反映的正是这个问题，慎独的功夫总不能持久，不知不觉中就陷入错乱之中。孙奇逢一针见血地指出：大凡错乱处，都是因为私欲的牵缠扰乱，完全克去私欲就没有错乱。“强恕而行，求仁莫近，正在此处用功夫。”他还鼓励学生：能够发现错乱，就说明自己在用功磨炼，就是进步，否则，你如何知道有错乱？学者时时见有过可改，有善可迁，正是磨炼的功夫。就是这样，孙奇逢和他的学生在学做圣人的道路上砥砺前行。

这条躬行实践、追求成圣的道路有平易的坦途，更多的是泥泞坎坷的窄路，犹如《圣经》里所讲的窄门。但孙奇逢坚信，他们所追求的圣贤境界并非不可企及，在经历长期的砥砺磨炼的功夫之后，要通过两道关隘，就可以进入那令人向往的圣贤境界。这两道关隘是：生死关和贫贱关。

生死是每个人必须面对的问题，是人生最大的事情。它最能挑起人们的神经，引发人们对人生的深度思考。孙奇逢提出“生死关”是进入圣贤境界的必过关卡，这一思想非常深刻，发人深省。

他说，勘透生死关是学人第一吃紧事，此关一破，则游刃有余。生死关不破，则面对死神，凡可以得生者无不用，凡可以避死者无不为。古往今来多少遗臭万年的小人都是为此欲生恶死的念头所困扰。生死关一破，则可以进入游刃有余的圣贤境界。孙奇逢反复表彰他的好友孙承宗、鹿善继，当满洲八旗破城而入的时候，他们慷慨就义，视死如归。孙承宗和他的众子侄几乎都壮烈殉国，鹿善继身中数刀，死得异常惨烈。在一般人看来，生命都丧失了，家也被毁了，真可谓惨不忍睹，苦不堪言。然而，设想一下，当城破之时孙承宗、鹿善继二人偷生苟全，卑躬屈膝以求勿杀，那又是怎样的一番人生？舆论的鄙夷暂且不说，他们内心的愧怍将会把他们湮没。孙奇逢讲，只要此心无愧怍，得固然是得，失也是得；此心有愧怍，败固然是败，成功了也是败。

而愧怍与否的关键在于是否合乎圣道。当生即生，当死即死，生与死的价值标准以圣道为依归。当死不死，愧怍终生，得也是失，成也是败；当死即死，杀身成仁，舍生取义，死得其所，英气长存。

正因为如此，孙奇逢反对世俗对长生久视的追求，并且他赋予了长生新的内涵。何谓长生？闻道即是长生。在世之时，明白自己的社会责任，辅天地，成万物，践行忠孝礼义，顺道而行，活出一番精神，将来死了，形体朽坏了，但精神是永存的。就如孔孟，形体早已朽坏，但精神长存天壤间。这就是知生之所以生，短暂一生的仁道践履，活出千年不朽之心，浩气永存天壤之间，死却未尝死。相反，人生失却了仁道，不知生之所以生，即使尚在天壤之间，不过徒具一副躯壳，只是罔生，与腐草无异，其实是已经死了。

朝闻道，夕死可矣。生命的终极意义不在于物质，而在于精神，他的生命册上洋溢着一股充塞天地的浩然之气。

同生死关相比，贫贱关可能更难以跨越，因为死神的考验往往是一时的，而贫贱的煎熬注定是长期的。人人都偏爱富贵，没有人喜欢贫贱。孙奇逢曾经这样反问：世上有一人不求富贵的吗？求富贵的人有一念不在富贵吗？富贵是最大的诱惑，因为对富贵的渴望，人固有的良知之心都由此而走失了，被私欲蒙蔽了，善良变成了恶毒，宽容变成了刻薄，正直变成了狡诈，忠贞变成了奸佞，君子也就沦为了小人。修身之道，只有时时提醒，默默体认，使欲富欲贵的欲望淡下去，使坚守贫贱的志向显出来。如此，有凛然之心常存而不敢放，放心可收，圣贤可求。

孙奇逢并非反对富裕，也非反对升官，他真正关注的是对于富贵的渴望和追逐与仁义之道的冲突，是莹然纯洁的良知遭受到了追求富贵的欲望的遮蔽。当两者发生冲突的时候，他毫不犹豫地拿出了孔孟给出的理论武器来抵挡私欲。他反复引用孔子的言语："富与贵，是人之所欲也，不以其道得之，不处也；贫与贱，是人之所恶也，不以其道得之，不去也。君子去仁，恶乎成名？君子无终食之间违仁，造次必于是，颠沛必于是。”“饭疏食，饮水，曲肱而枕之，乐亦在其中矣。不义而富且贵，于我如浮云。”孔老夫子给了他丰富的思想资源，抵挡富贵的诱惑，坚守仁义的道路。

抵挡富贵的诱惑，坚守仁义之道，跨越贫贱关，这也是孙奇逢一生最精彩的所在之一。孙奇逢一生从明万历朝到清康熙朝，经历了明清鼎革的大动荡。虽然有举人的身份，但仍然不免颠沛流离，饥寒交迫。尤其是北城田园被圈占之后，他背井离乡，困苦异常。在南下的流亡路上，几十口人无米下锅，忍饥挨饿，妻子又重病在身，他对贫贱的感受是刻骨铭心的。正是在这样的艰难困苦中，他真正践行了孔子“君子无终食之间违仁，造次必于是，颠沛必于是”的真谛。这种在亲身经历中获得的知识和感受才是真知识，所以他经常强调贫贱的环境对修身的意义。他经常对弟子说：贫即是道，磨难即是财富。真正的豪杰志士正是要在饥饿贫困、颠沛困顿之中践履圣贤之道，是在这样的逆境中实现自我修养的成长。所以，面对这样的逆境，不能怨天尤人，抱怨上天的不公，恰恰相反，要感谢上苍厚我之生，成我之大，给我们的修养提供了这样的环境。如果有人在这样的逆境中跌倒了，那是因为他修身的功夫还没有到家，还需要爬起来，继续磨炼，砥砺前行。贫贱困苦能够困庸流，不可以困豪杰。孙奇逢有一句非常励志的话：“饥饿穷愁困不倒，声色货利浸不倒，死生患难考不倒。”这是他一生的追求，也是他一生精神的写照。

跨越生死关与贫贱关这两道门槛，就会进入圣贤的境界，齐得丧，浑成亏，一生死，一种为仁义精神所充满的大美境界。

王阳明主张知行合一，强调功夫和本体的统一。他的学问事功空前绝后，但在他去世后，他的弟子和再传、三传弟子各凭自己的理解阐释心学，形成了支分派衍、百舸争流的局面。由于王阳明强调我心自足，强调人的主观能动性，不少阳明后学逐渐出现了束书不观、空谈性命的倾向。也正是这个原因，阳明后学遭到了学界的激烈批判，尤其是到清初，王学地盘急剧萎缩。

在这样的学术氛围中，一部分服膺阳明学术的学者高举起王阳明知行合一的旗帜，重视践履的功夫，从而把阳明心学引入一个新的境界。鹿善继、孙奇逢就是这类学者的代表人物。然而鹿善继和孙奇逢又有所不同。鹿善继是朝廷官员，在晚明那个诸事丛脞的多难之秋，他的躬行实践更多地体现在对于政务的学习和处理上。

孙奇逢一生未仕，所以他的躬行实践更多的是强调对日常生活伦理的踏实践履。修身齐家，父子、夫妇、兄弟、朋友，洒扫应对，应事接物，把儒家之道贯彻于家庭等各种社会关系的处理上。

古人讲，君子有三畏，畏天命，畏大人，畏圣人之言。学生问：何谓天命，孙奇逢说：天命在日用常行间，父慈子孝，夫健妇随，兄友弟恭，人们在日常生活中体现出的仁爱，儒家圣人所倡导的修身齐家行为规范，所有这些，就是天命，就是理。所以，日用饮食，布帛菽粟，学问之道就是在这些方面暗中用功，这是孙奇逢的躬行实践所偏重的内容。

他用一生的时光践行他的理念，尽管每天都是普通的生活，读书、耕田、教子、饮食、穿衣，但他在日常生活中发展出一套朴实的学问，而且日益精密，日益扎实，他自己说：“七十岁功夫较六十而密，八十岁功夫较七十而密，九十岁功夫较八十而密。”他用自己的躬行实践为后世树立了一座不朽的丰碑，引领着后世子孙砥砺前行，他用自己的躬行实践为后世铸造了一座不朽的讲坛，用儒家圣贤之道滋润着后世子孙每天的生活。

一、一生不仕为道尊

孙奇逢十四岁进学成为县学生员，十七岁通过顺天府的乡试，成功中举，一时间声名鹊起。对比一下吴敬梓笔下困顿落魄的范进，年过五旬才侥幸中举，对比一下才华横溢却屡试不第、一生不曾博得一个举人功名的蒲松龄，孙奇逢可谓少年得志，前程似锦。然而，二十一岁、二十四岁两次春闱下第后，孙奇逢即遭遇父母之丧，开始了六年之久的庐墓生活。六年的庐墓生涯对他的影响非常大，使他深切体会到躬行圣贤之道的甘甜，对功名利禄的追求淡了很多。之后的岁月里，虽然每届的春闱考场里仍然可以看到他瘦弱的身影，但他已经越来越不以此为意了。到崇祯七年（1634），五十一岁的孙奇逢勉强参加完春闱会试之后，再也没有进入这个考场半步，彻底结束了自己科举仕进的生涯。这次春闱张榜后，他有一首《甲戌下第》诗记录了当时的心情：

年来老眼已生花，甚矣吾衰叹日斜。

学有源泉方入妙，语无烟火始成家。

到头一点微难认，言志生平大近夸。

潦倒惭予慵懒甚，徒烦十次上公车。

从诗文中可以感受到这位五十一岁老贤书对时光流失的感叹。十上公车，竟无一售，自然有“潦倒惭予慵懒甚”的感慨，但“学有源泉方入妙，语无烟火始成家”，诗中更多地体现出体认真道的宽慰和洒脱。

虽然科举之路坎坷难行，但孙奇逢潜心学问，躬行实践，学力日进，在家乡声望日隆。崇祯初年，在团结乡里、维持地方秩序、积极准备抵御满洲八旗入侵的斗争中，他已经是领袖一方的人物。他的才能引起了朝中官员的注意，崇祯三年（1630），御史黄宗昌向朝廷荐举，朝廷决定征聘孙奇逢，与乡居的鹿善继酌才使用。这是一般人求之不得的事情，但孙奇逢淡然处之，以自己多病为由谢绝了朝廷的征聘。

崇祯八年（1635），礼科给事中王正志以“真孝真廉，有体有用”荐举孙奇逢。崇祯九年（1636），直隶巡抚张其平、刑部员外郎胡向化先后以守御荐孙奇逢。孙奇逢均以身体多病为由婉言谢绝了朝廷的征聘。对于孙奇逢的做法，朝廷深为不满，严催赴京，甚至威胁说：不赴者革除功名，但孙奇逢终不为所动，拒绝出仕。

“天行健，君子以自强不息。”儒家知识分子历来有致君尧舜、济世救民的淑世情怀，况且，其时大明王朝内忧外患，正是用人之时，为什么孙奇逢对于朝廷的屡次征召不动于心？难道他不想给自己一个用武之地，一展才华，做一番轰轰烈烈的事业吗？

崇祯八年（1635）孙奇逢婉拒出仕，朝廷威胁要革除他的功名的时候，他再次向朝廷递上辞呈，进一步解释了他拒绝出仕的缘由。除了之前他反复强调的自己身体多病的原因，他又提出了一个理由，那就是自己才疏学浅，“学古近迂，为儒趋腐”，十上公车而不第，不过区区一介举人，学而优才仕，自己的才学自然不足以当大事，故而不敢跻身仕途以败国事。他又提到自己父亲在他第二次春闱下第后对他说过的话：“国朝重制科，不举南宫者，谓之半截功名，未免降志。”大家都知道孙奇逢为父母庐墓六年的事情，知道他是一个孝子，自然也理解他因父亲的教诲而做出的拒不出仕的选择。

当然孙奇逢拒绝出仕还有一个不便言说的原因：大明王朝政治腐败，天命将终，谁也无回天之力。孙奇逢对这个朝廷已经完全失去了信心，不愿意做它的殉葬者。早在崇祯初年，茅元仪就撰写了一篇考证黄巢始末的文章，他对孙奇逢说：自己的文章真正的用意不是要考证黄巢，而是要考证李自成。孙奇逢服其有先见之明，深表同感。也就是说，早在甲申之变十多年前，茅元仪、孙奇逢这些人就已经有了一种非常清晰的预感，山雨欲来，大明王朝已经到了穷途末路。崇祯皇帝即位之初，他还曾经对于大明的中兴抱有幻想，但数年之后，朝廷党派恶斗不已，贪腐依旧，崇祯皇帝又猜忌多疑，重新重用宦官，动辄屠戮重臣。眼看着大明王朝一天天走向灭亡的深渊，孙奇逢完全丧失了信心。他不是一个迂腐的儒者，而是一个识时务的豪杰，既然大明王朝已经病入膏肓，灭亡已是注定的事情，自己根本无法改变，回天无力，为什么要去做无谓的牺牲者呢？

他做出这样选择的背后，反映出的是他对于君臣关系的理解和处理。有一次他曾经和朋友讨论君臣父子之道，他对朋友所说的每一个臣民应当无条件地效忠皇帝、抛家舍身以成全皇室利益的说法不以为然。他说：皇帝有很多臣民，在其位者谋其政，在其位者负其责。就如知府、知县，守土有责，城在人在，城陷人亡，这是忠，这是君臣之道；布衣百姓，纳粮当差，这是他的义务，他的责任，他没有守土之责，没有城陷殉国的义务。也就是说，对于君主，臣民根据自己所在的位置负有有限的义务，但对于父母则不同，君主是众人的君主，父母是自己的父母，是不可以选择的，每个人对于父母有不可、不能逃脱的尽孝的义务。

可以看出，他关于君臣、君民关系的思想深受孔孟的影响。孔子说“君君臣臣，父父子子”，做君主的要像做君主的样子，要遵循君主应该遵循的一套行为规范、道德准则，做大臣的也应该是那样。否则，大臣可以离开君主而去，“危邦不入，乱邦不居；天下有道则见，无道则隐”。也就是说大臣没有对某一位君主必尽的无限义务，每一个人都有自己的独立的人格，无须依附于君主，做君主的奴隶。

孟子在孔子的基础上又有了进一步的发展，体现出更多的独立意识和解放精神。他说：“君之视臣如手足，则臣视君如腹心；君之视臣如犬马，则臣视君如国人；君之视臣如土芥，则臣视君如寇仇。”如果君主为所欲为，残害百姓，甚至百姓可以起而诛之。师生之间谈到商汤克夏桀、周武克商纣，学生问：“臣弑君，可以吗？”孟子说：“贼仁者谓之贼，贼义者谓之残，残贼之人，谓之一夫。闻诛一夫纣矣，未闻弑君也。”大臣不但可以离开无道的君主而去，可以视君主为寇仇，甚至可以诛杀君主。无论孔子，还是孟子，圣贤之道、仁义道德都是高于治统的，一旦君主践踏了圣贤仁义之道，那他就是人人可得而诛之的残贼之人，而非君主了。

那么，秉持仁义之道的士人自然应该拥有超越皇权的独立人格。只是随着专制皇权的不断强化，尤其是进入明朝，朱元璋淫威赫赫，肆意践踏士人尊严，士人不为其所用的，他残酷杀戮；在位期间，屡兴大狱，株连杀戮大臣动辄成千上万。他又以廷杖恶政折辱大臣，终明之世，廷杖的记载不绝于书，令人不寒而栗。在这种赫赫淫威之下，士人逐渐屈服于皇权，丧失了饱道之士应有的尊严。

孙奇逢要重新找回士人的人格尊严和独立精神。当他因拒绝出仕而被威胁要革除举人功名的时候，他说：“士各有志，仕自有时，用才者必不强人，用世者必先度己。”话不多，但掷地有声，活画出孙奇逢在赫赫皇权面前的冰霜挺拔之气和凛然不可侵犯的人格尊严。

这就是孙奇逢对于君臣关系的处理，这其中体现了他的人格尊严和独立精神，这在专制王权时代弥足珍贵，也体现了他高举儒道大旗，以尊道、弘道为己任的使命感。

二、齐家敦伦范后世

儒家文化是华夏文化的主流，儒家文化历来重视人伦，重视家庭。五伦中，夫妇、父子、兄弟，家庭关系占其三。士大夫修身、齐家、治国、平天下，齐家是从个人走向国家社会、建立功名的关键一环。所以，历来中国传统知识分子都重视家庭的治理，重视家庭关系的处理。

夏峰学派的核心精神是躬行实践，是在日用饮食、布帛菽粟之间践行圣贤之道，而日用饮食、布帛菽粟的主要载体就是家庭，可以说，他的学问首先并且主要体现在齐家方面，他一生的践履也首先和主要地体现在齐家方面。

“富不过三代。”天下没有长盛不衰的世家，一部《红楼梦》，就是一部贾、王、史、薛世家大户败亡的历史，曹雪芹常常在行文中感叹树倒猢狲散的荒凉，他所描绘的现象也正是世人常有的忧虑。如何维持世家大族的长盛不衰，成为很多人探讨的话题。因为权力场中的风云变幻，因为朝代更迭的急风暴雨，因为强梁者的肆意而为，因为子孙的胡作非为，家兴家衰，好像是天气的阴晴雨雪，都是人所无法左右的。但在孙奇逢看来，“一家之中，父慈子孝，兄友弟恭，夫健妇随，和气熏蒸，吉祥莫大焉。贫也固是乐，富也自好礼，不见有满之时，自不至有衰之日”。家庭不是漂泊在风暴之下汪洋大海中的一叶扁舟，家庭命运的枢机也不操于气运，而是操纵于每个人的手中。

孙奇逢一生在家庭治理上多有用心，撰写了很多治家的文字，提出了不少有价值的治家理论，更重要的是他的治家实践为我们树立了可供借鉴的典范。

孙奇逢育有六个儿子，十二个孙子，二十一个曾孙，子孙繁衍，枝繁叶茂。虽然经历了明清易代的动乱杀伐，田地被圈占，背井离乡，贫困不堪，但孙奇逢治家有条不紊，一家人知书达理，雍雍睦睦，令人羡慕。他的治家思想和实践是留给后人的一笔珍贵的精神财富，值得后人认真学习。

（一）以礼仪来齐家

孙奇逢重视礼仪，把礼提高到一个与天理相同的高度。“仁”是儒家的核心概念，天理说到底就是一个“仁”字。孙奇逢认为，仁不可见，它需要通过礼表现出来，所以，仁与礼并非两个事物，而是同一个事物。正是在这个意义上，他说：乾坤浑是一个礼，舍弃了礼，则“天下无处寄我之仁”。那么，要实现仁政，舍礼无由，践行礼仪是通向仁义胜境的必由之路。从个人的角度说，依礼而行，孙奇逢强调要谨身守礼，从家庭的角度，治家以礼，需要建立一套家庭礼仪规范，循此而行，达到齐家的目的，进而实现治国平天下的社会理想。

然而，当时社会上家庭治理的状况堪忧，不要说平民之家，就是士大夫也很少有家规可循。虽然，《大学》的基本精神是修身、齐家、治国、平天下，但士人不过把它视为具文，功名利禄的敲门砖，并没有多少人真正有意识地在日常生活中加以践行。故此孙奇逢感叹：“迩来士大夫绝不讲家规身范，故子若孙鲜克由礼，不旋踵而坏名灾己，辱身丧家。”

孙奇逢早年就重视对于古老的家庭礼仪的践行。他二十二岁那年，父亲去世，兄弟四人办理父亲的丧事时一准儒家古礼，抵挡流俗，摒弃民间僧道超度的普遍做法。之后，兄弟四人又结庐墓侧，为父亲守墓。母亲去世时也照此而行。兄弟四人为父母守墓六年，古礼又现，远近绅民啧啧称赞，甚至在京师官僚中也传为美谈。

天启初年，他又根据祖、父辈的治家理念，以“孝友堂”来命名自家厅堂，邀请好友鹿善继篆额，晚明著名书法家刘重庆书写。对于这个匾额，孙奇逢兄弟四人视为至宝，相互勉励，时时提醒，深恐行为过失，有负良朋期望，有污孝友家声。一直到晚年，尽管流落他乡，远离故土，孙奇逢仍然时时以“孝友”二字教诲子孙，告诫后世子孙虽然容城的孙氏孝友堂早已不复存在，但无论流落哪里，孙氏孝友堂永远存在心里，历久弥新。

孝友是祖、父辈留下来的一笔宝贵财富，孙奇逢把它继承下来，并在日常生活中弘扬光大。但他在齐家的过程中深深地感到仅仅有这个大的原则是不够的，必须有一套更细致的家庭规范把孝友的精神具体化、明确化，使之更有可操作性。这样，到清顺治十一年（1654），经过长时间的酝酿，孙奇逢向他的家人和朋友提出了他制定的《孝友堂家规》。

首先是他摘录圣贤教诲子孙的言论六则，作为孝友堂家规：

孔子之教伯鱼也，曰：“不学诗，无以言；不学礼，无以立。”淑性情，固筋骨，立身之大端尽此矣。

周公谓鲁公：“故旧无大故则不弃，何其仁也！无求备于一人，何其恕也！”仁且恕，世岂有外焉者乎？

马援戒其子也，曰：“闻人过失，如闻父母之名。心可知，口不可言。”此涉世之道也。

汉昭烈云：“勿以善小而不为，勿以恶小而为之。”此真圣贤集义迁善要诀，不谓英雄人能见及此。

柳玭之戒其子弟也，曰：“不识儒术，不悦古道，身既寡知，恶人有学，胜己者嫉之，佞己者扬之。以衔杯为高致，以勤事为俗流。”此最中人膏肓之病。

王阳明曰：“我子弟苟远良士而近凶人，是谓逆子。”亲师取友之谊，夫岂外焉者哉！

然后，孙奇逢又自拟家规十八则：

安贫以存士节；寡营以养廉耻；

洁室以妥先灵；斋躬以承祭祀。

既翕以协兄弟；好合以乐妻孥；

择德以结婚姻；敦睦以联宗党。

隆师以教子孙；勿欺以交朋友；

正色以对贤豪；含洪以容横逆。

守分以远衅隙；谨言以杜风波；

暗修以淡声闻；好古以择趋避。

克勤以绝耽乐之蠹己；克俭以辨饥渴之害心。

孙奇逢对于子孙的教诲涉及处理家庭关系、社会关系的方方面面，内涵极为丰富，饱含着孙奇逢这位大儒对于齐家的理解和对于后世子孙的殷殷期望。他通过这些简易朴实的文字讲明了家庭治理的两个最为关键的内容：一个根本和一个途径。

第一是其中所讲齐家的根本，这个根本就是男人，就是男人的道德修养。

在一定程度上，齐家不比治国平天下容易，甚至更难，孙奇逢深深意识到了这一点。他说：家近天下远，家亲天下疏。正因为近，所以亲情难以割舍，易流于狎昵；正因为亲，所以法律禁令难以在亲情中运用，以至于父子相互伤害，夫妻反目成仇，兄弟骨肉相残，于是乎祸起萧墙之内矣。

那么，齐家的把柄在哪里呢？在上述《孝友堂家规》里，孙奇逢已经在着意说明这一问题，“安贫以存士节；寡营以养廉耻”，这两条家规列于他自拟家规的开端，就是说齐家先从修身做起，存士节，养廉耻。而修身又需从作为一家之长的男人做起。他引用孔子教导伯鱼的话：“不学诗，无以言；不学礼，无以立。”强调这是立身的大端。又引用柳玭的家训从反面说明这一问题：“不识儒术，不悦古道，身既寡知，恶人有学，胜己者嫉之，佞己者扬之。以衔杯为高致，以勤事为俗流。”正反两方面反复论证正是要向子孙明确地表达一个意思：治家之本在男人，男人要学诗、学礼、学儒术、学古道。而学习不仅仅是经典的诵读，不仅仅是口耳之学，而是躬行实践，其中引用柳玭所反对的“以勤事为俗流”是有深意的。因为孙奇逢为学的特点在于躬行实践，所以，他引用这段话就是要强调躬行，倡导实学，要求把学习落实到日用饮食之中。

他教导子孙说：读圣贤书，科举功名是第二位的，明理致圣才是第一位的，一日之间，饥而食，渴而饮，倦而眠，人来接待，事来应酬，其中皆有至当不易之则，于此见事亲敬长之实，于此见仁至义尽之妙，把圣经贤传的精神贯彻于日常生活之中，体现于社会关系的处理之中，这才是真学问。作为一家之主的男人，一个丈夫，一个父亲，在家里做到了这一点，就抓住了根本，则齐家不难。

第二是其中所讲齐家的途径，这个途径就是家礼，尤其是祭祀礼仪。

孙奇逢在《孝友堂家规》中讲：“洁室以妥先灵；斋躬以承祭祀。”无论漂泊到哪里，即使是暂时寄居，没有祠堂可祭，没有族人可共，也要把室内洒扫干净，把先人的牌位供奉起来，毕恭毕敬，按时斋戒祭祀。这两条家规紧接在“安贫以存士节；寡营以养廉耻”之后，位于孙奇逢自拟十八条家规的最前端，可见孙奇逢对于家庭祭祀的重视程度。

有一次朔日，他率领子孙在祠堂焚香祭祀之后，训诲子孙说：“我等聚族而居，佳辰、令节、生忌、朔望，得来祠堂瞻礼祖先父母，是祖父之魂气常在，儿孙之诚敬常存也。只此是人生第一吃紧事。明此而为农，是良善之民；明此而为士，是道义之士。祖父恬熙于上，儿孙敦睦于下，岂非一室之太和，而一家之元气也哉？”这一段话把家庭祭祀的意义表达得淋漓尽致。香烟缭绕的祠堂里，祖先父母灵位煌煌在上，子孙恭恭敬敬地叩头、作揖。在这个肃穆庄严的氛围里，孝悌恭顺的观念不知不觉中就融入了人们的思想深处，它比干瘪的反复说教更具说服力，更有效果。

在夏峰村安顿下来之后，孙奇逢即着手构筑茅屋以为祠堂，按时率领儿孙举行祭礼。在他的《日谱》中，可以看到他日常生活中对于祖先、父母的祭祀，朔望、令节、佳辰从不曾废。到顺治十四年（1657），他又把日常生活中的祭祀规则写成文字，写出《家祭仪注》，把家礼进一步规范化。《家祭仪注》文字不多，我们在此全文抄录于下：

晨起，栉沐后入祠三揖，自入小学便不可废。

朔望焚香拜。

元旦昧爽，设祭四拜。四仲月用分至日，各设祭，行四拜礼。令子孙供执事。

凡佳辰令节、寒食、寒衣，皆拜，设时食。

忌辰设食拜，子孙素食，不宜享客。

有事出门，焚香拜，归亦如之。

吉庆事，卜期设祭。

儿女婚姻，焚香以告，生辰弥月，设食以献。

新妇庙见设祭，主妇率之行礼。

凡祭，妇人另行礼，各如仪。

从这段文字来看，孙氏家祭分为以时祭祀和因事祭祀两类。

以时祭祀最重大的祭祀在春节元日，天不亮先展拜天地，礼毕，于祠堂设祭品，率子孙拜祖先。其次是清明节（寒食）、农历十月初一（寒衣）和四个分至日的祭祀。其中清明、农历十月初一和冬至的祭祀尤为隆重。集合全族的人到祖坟举行祭祀仪式，然后回祠堂宴饮。再次是每月朔望的家祭，祠堂焚香而拜。最经常的则是每天的祭拜，清晨起床，梳洗完毕，恭恭敬敬于祠堂向祖先牌位三作揖，然后开始一天的学习和家务。

因事祭祀是指家中有重大的事情了，诸如父祖忌日、儿女婚姻、幼儿满月、学业进步、有事出门、远行归来、建造新屋等，都要到祠堂祭拜，向祖先说明，祈求祝福。

如《日谱》中记载了一次祠堂的祭祀。康熙六年（1667）十二月二十八日，孙奇逢第四孙、望雅之子孙淳进学成为县学生员。县学生员已身列士绅行列，具有了一定的社会地位，而且具有了参加乡试的资格，所以进学对于一个家庭，对于求学士子来说都是非常喜庆的大事。这一天，祖孙三代在孙氏祠堂举行庄重的祭祀，首先祭告列祖列宗，这个仪式由孙奇逢亲自主持。接下来是祭告孙淳的祖母，这个仪式由孙淳的父亲孙望雅主持。最后是祭告孙淳已故的母亲，完全由孙淳自己来祭祀，并诵读写好的祝文，祖父和父亲在一旁观礼。由此我们可以大致明白孙奇逢所构建的家祭仪式的大致内容。

《家祭仪注》是孙奇逢对孙氏日常所举行的祭祀的记载和进一步的规范化，从《家祭仪注》和孙氏日常家祭的记载看，家祭是孙奇逢治理家庭的重要途径，也已构成了孙氏族人日常生活不可或缺的一部分。通过这些每天都要举行的祭祀仪式，忠孝礼义的价值观念进入孙氏子孙每一个人的内心，并深深扎下根来。孙氏子弟孝悌力田，知书达理，待人接物，彬彬有礼，偌大的家族一团和气，远近百姓提及孙氏家族，无不啧啧称奇，仰慕不已。

孙奇逢在倡导地方官绅推行家礼的过程中，也发现了很多的问题。首先是“三礼”所载，繁文缛节，脱离现实生活，士人讥其迂腐，并不遵行；其次是各家的礼仪实践差异很大，仪式混乱，莫衷一是；还有就是地方社会宗族文化的构建过程中出现了一些祭祀礼仪的困惑，人们不知所从。针对家礼的现实问题，已经耄耋之年的孙奇逢殚精竭虑，参考大量先贤家礼，与友人一起对家礼进行了反复斟酌，把“三礼”中烦琐的礼仪简单化，构建实用易行的礼仪规范。对宗族礼仪大胆改革，破除旧有桎梏，建立新的宗族祭祀仪式。

如新乡郭士标曾与孙奇逢有过一段关于宗族祭祖问题的讨论。新乡郭氏是当地著名的仕宦大族，书香绵延。郭士标父辈郭淐、郭浣兄弟先后在朝中为官，在当地影响很大。入清后，郭氏依然是一乡之望。郭士标与孙奇逢往来密切，切磋学问，砥砺品行。如今新乡定国村郭氏祠堂是新乡市重点文物保护单位，也是民间组织评选的全国郭氏十大祠堂中唯一入选的北方祠堂，在全国都很有影响力，这座郭氏祠堂就是郭士标创建的。郭士标在构建郭氏宗族的过程中遇到一个很大的问题，来请教孙奇逢。他说：祠堂祭祖，如果祭祀始祖，恐怕僭越；如果不及远祖，又如何合远族呢？

这个问题涉及一个很大的问题，在传统的等级社会，祭祖是一种特权，一种身份的象征，五品以上的官僚才可以建立家庙，设四神龛，祭祀高、曾、祖、祢四代先祖，庶民连祠堂都不能建立，只能在堂屋正中贴一张写有四代祖先名讳的牌位，供奉一下。明代中期大礼仪争论的过程中，嘉靖皇帝祭出了孝的旗帜，夏言上疏推恩，品官无论大小皆可以建庙祭祀祖先，庶民也可以攀附前代的官员建立祠堂，实际上就等于取消了庶民建祠的限制，为宗族的庶民化打开了大门，民间的祠堂逐渐多了起来。但一直到清初，祠堂供奉哪些先祖仍然是一个问题，供奉远祖似乎有违旧的规条，有僭越的嫌疑，但供奉先祖止于高祖，则无法以一本同源的观念联络远族，限制了宗族的规模。

针对这个问题，孙奇逢旗帜鲜明地主张祭祀远祖，并引经据典为他的主张寻找依据。《大明集礼》《大明会典》等权威的官书有严格的规定，只能供奉高、曾、祖、祢四世而止，但同时，这些官书又规定：冬至祭始祖，立春祭先祖。庶民百姓都可以这样做。这就为突破旧有禁令、建立新的祭祖礼仪提供了缺口。孙奇逢抓住这个关键点，说："始祖以下之祖，高祖以上之祖，不就是远祖吗？根据这个意思，远祖何尝不能供奉？祭礼久废，现在正是复兴之时，不可拘泥古礼，应该酌而行之，稍为变通。如果担心僭越，难道我们这些士人甘心礼仪废而不行吗？"正是在孙奇逢的指导下，郭士标联络郭氏族人建立起了规模宏大的郭氏祠堂。

到晚年，孙奇逢总结家礼的实践经验，对往圣先贤众多的家礼进行了斟酌取舍，写出《家礼酌》一书。这本书的基本精神就是化繁为简，通俗易行，用爱敬的感情贯穿于家礼的全过程。他在这本书的序言中感叹古礼的烦琐，表示要简化程序，努力把古代钟鸣鼎食之家施行的礼仪推行到庶民百姓之家，构建平民家礼。他还引用朱熹的话说：礼有本有文，爱敬，其本也，仪章，其文也。家礼的本质是爱敬，要在家礼的过程中体现爱敬，要通过家礼把爱敬融入族人关系和族内事务的处理之中。

（二）以爱敬来齐家

爱敬，是孙奇逢厘礼齐家背后的核心精神。爱敬的思想是孔子“仁”的思想的进一步发展，孔子讲仁者爱人，爱有差等，爱父母兄弟自然与爱路人不同，父慈子孝，兄友弟恭，家人相互之间的爱是一切仁爱的起点。敬的思想是宋代二程从孔孟那里拈出而特别强调的思想，是“仁”的思想的进一步发展。孙奇逢把孔子“仁”的思想及二程敬的思想加以综合，把“爱敬”作为齐家的思想基础。

爱敬发之于父子，就是父慈子孝，子女对父母的孝顺和父母对于儿女的慈爱。

在孙奇逢二十二岁的时候，他的父亲就去世了，接着母亲也去世了。兄弟四人为父母庐墓六年，孝名远扬，声动京师，是著名的孝子。古人云：三年不改父之志，可谓孝顺。在很大程度上，孙奇逢是一生不改父之志。父亲传下来的家风被孙奇逢发扬光大，孙奇逢请来著名书法家刘重庆书写孝友堂匾额，与子侄言孝言悌，言友言信。在他二十一岁会试落第时，父亲自然有些失意，对他说：“不举南宫者，谓之半截功名，未免降志。”他把父亲的这句话牢牢记在心里，不考中进士决不出仕，一辈子不敢忘怀。虽然六年的守孝生活淡化了他的功名心，不再以功名为念，但他仍然坚持参加每届的会试考试。后来名气大了之后，朝廷征召他出来做官，他也是以父亲的教诲为由婉言谢绝朝廷的征召。

父亲过早去世，而且是无疾而终，使孙奇逢兄弟四人没有尽床前侍奉的孝道，孙奇逢每每提及此事，都是潸然泪下。他崇拜他的父亲，晚年在《述先德》一诗中他这样写他的父亲：“于维我考，是谓克家。兄弟异乳，门内多哗。考心用伤，动忍靡加。前承后启，矢志何涯。色养北堂，独力孔嘉。豪士悲歌，野老桑麻。彦方君实，携手同车。”父亲担起家庭重担，孝养父母，和谐兄弟，在孙奇逢看来，不让于王烈、司马君实等先贤。他用一生的时间来怀念慈父，佳辰节令，父亲忌日，无论漂泊在哪里，他都从不间断对父亲的祭祀，献上一炷香，几碟果品时蔬，跪在牌位前寄托哀思。《夏峰先生集》中有他七十多岁的时候于父亲忌日写的一首诗：

别将五十载，寤寐俨如生。
未得酬亲志，安能慰子情？
耳聋怯语密，目暗畏灯明。
潦倒不堪问，含凄酒一倾。

父亲尽管已经去世多年了，但父亲在自己脑海里永远是面色如生。在父亲灵位之前，七十多岁的老人，依然为未能考中进士，从而辜负父亲的期望而汗颜，在父亲灵前奉上一杯清酒，倾洒在地上。阴阳两隔的父子两人的交流好像是两人面对面的娓娓而谈，于此，我们感受到了一颗孺慕感人的赤子之心。

孙奇逢也是一位充满了慈爱的可亲可敬的父亲。他对好友张镜心家庭矛盾的调解显示出他站在父亲的位置上处理父子关系所秉持的理念。张镜心在明代曾任兵部尚书，家法极严，然而他有一个儿子与他长期对立，父子关系疏远，他很无奈。孙奇逢拜访他的时候，他愤愤地说：“你见过有十年不见父亲的儿子吗？有，我儿子，我的亲儿子，十年不来见父亲！”孙奇逢沉吟了一会，说：“这是做儿子的不是，但恐怕也有父慈不够的因素啊！”他苦口婆心，调和父子之间的关系，终于使积怨甚深的父子言归于好。在他看来，做父亲不仅要有做父亲的威严，更要有满满的慈爱，否则，父子之间就会因缺少爱而疏远。这不仅仅是安慰张镜心的宽心话，也是他生活经验的总结。

孙奇逢对自己的儿女充满了慈爱。他家境贫寒，又遭遇明清之际的动荡，一生贫穷，艰难万状。尤其是清初田园被圈占后南下辉县的途中，一家人分散容城、祁州、淇县数处，颠沛流离，艰辛异常。他在漂泊途中接到儿子立雅和博雅分别从容城和祁州寄来的家书，感慨万千，写下了这样的诗句：

从来贫病苦相侵，两地家书刺我心。

事有可愁难作喜，披衣趺坐听更深。

孙奇逢一生虽饱经风霜，心胸却极其豁达，即便如此，面对当时的困境和亲情的牵扯，他也是“事有可愁难作喜”，彻夜难眠，披衣趺坐到更深。然而无论多么艰难，多么贫穷，孙奇逢都竭尽所能把八个子女抚育成人，又教他们诵读经典，接受严格的儒学教育，更教给他们做人之道。

孙奇逢在长女出嫁时，专门让家人做了一套粗布衣服，告诫女儿：“你们家日渐贵盛，锦衣玉食，但不要忘记我家的累世布素，回家归宁的时候要穿上这身衣裳。”孙奇逢与清苑官宦贾鸿洙为道义之交，又结为亲家，女婿正是他的学生。贾家世代官宦，广有田产，是清苑有名的大户人家。在女儿就要嫁入富贵之家的时候，他以这种方式告诫女儿：进入富贵之家而勿忘节俭，于富贵之中仍要坚守贫寒时养成的良好品德。

这就是他对子女的最大的慈爱：教子以道。

在他晚年所著《日谱》中，这样的例子比比皆是。这里仅举几例。

顺治六年（1649）十一月，孙奇逢祭扫祖墓，携家南徙，留下长子立雅在家乡看守祠墓。家乡田园已大部被占，孙奇逢对长子立雅时时充满怜爱和担忧。有一次，他在给立雅的信中谆谆教诲：

在家在外，各有自立，总之以仁孝二字为师。尔恬淡成性，目前恪守祖坟、门户，关系最大，尔病无瘳期，尔妇病已深，闻潜孙亦病，种种皆系我心。澜孙长成，婚期未卜，尤我早暮牵肠之事。待宗族乡党宜宽宜和。成就后生小子，尔职之事。二伯临危所嘱，不可忽也。尔处朋友，不患不信，患其隘。学问当日日求长进，尔父尔师衣钵在尔，尔打起精神，与同志者共勉之。

儿子、儿妇、孙子的病情，孙子的婚事都令这位老人牵肠挂肚。这封信不长，但字里行间饱含着一位父亲对儿子深深的爱怜，更体现着他循循善诱、教子以道的苦心。他以自己和鹿善继的思想为基础，教育儿子以仁孝为师，处乡党宗族要宽容、和气，处朋友要信实真诚，更要心胸开阔。后来，立雅不远千里，从容城来辉县看望父亲。孙奇逢兴奋得夜不能寐，父子长夜相对，有说不完的话。孙奇逢特别在《日谱》中记下了这样一段话：

想想你姐上次归宁的时候，咱们家男女老幼，无不对她肃然起敬，就是因为她在婆家克尽妇道，孝侍公婆，和睦妯娌，婆家敬她爱她，为人伦楷模。你这次过来，也要为诸弟、诸侄做出榜样，有事不要匆忙，不要懈怠，不要斤斤于安逸与苦累，宽容，和睦，我们家便是唐虞三代。

一位七十三岁的老翁对自己鬓发已经斑白的五十多岁的儿子如此谆谆教诲，充满期待，这是多么深沉的爱啊！

孙女出阁的时候，这位耄耋老人仍然像当初自己的闺女出阁那样，既欢喜，又黯然神伤。有一首诗表达了他当时的心情：

女孙失母久，父亦滞家山。
汝往归于鄁，临行泪欲潸。
我泪不轻洒，我心不欲匿。

谁知儿女情，垂老倍姑息。

因他的慈爱，他的家教，一家人雍雍睦睦，使失去母亲、父亲又不在身边的孩子得到很好的教养。临出阁时，孙奇逢依依不舍，老泪纵横，“谁知儿女情，垂老倍姑息”，不是因为垂老，儿女之情才更加炽烈，而是原本他就是一位慈爱满满的长者。

儿孙们每一点进步、每一个成就他都喜不自胜。留守故园的立雅遵父训诲，教育子女读书仕进。孙子孙澜参加县学的进学考试，名列第一，喜讯传来，孙奇逢喜出望外，连忙命令告知家里老老少少所有的人，大家一起欢喜，一起祝贺。当时三子望雅正在辉县城内教授私塾，他立即修书一封，把这个天大的喜讯告诉三子：“澜孙进第一，可喜也。你四哥（注：指孙维雅，是孙奇逢弟孙奇彦的长子，在叔伯兄弟中排行第四）病有起色，更可喜也。”文字不多，但我们仍然可以体会到他当时兴奋喜乐的心情。

二子奏雅科举不成，转而学习医道，悬壶行医，每天远近求医者盈门塞户。行医乡间，济世救人，是行道，也是一条谋生之路。作为父亲，孙奇逢自然是非常高兴，写诗一首作为勉励：

八十年来事日新，儿孙耕读是家珍。

秘方海上谁传汝，时有敲门请药人？

家住燕南高尚邻，由来思邈是前身。

有恒便见修行力，无物能生万物春。

可见他对儿子的殷殷之情。

爱敬发之于夫妇，便是夫健妇顺，便是夫妻情深。

孙奇逢一生娶了两任妻子，第一任妻子槐氏是容城县学生员槐大成的女儿，也是他启蒙老师槐正华的族人。槐氏为他生了三男二女，万历四十六年（1618）七月病亡，年仅三十四岁。三年后，他又续娶邑庠生杨廉的女儿为妻。杨氏过门后为他生了三个儿子，顺治八年（1651），杨氏病死于辉县。在那个以三妻四妾为荣的年代里，孙奇逢洁身自好，正妻之外绝不再娶一妾，可见他作为理学家的个人品行。

槐氏去世时，孙奇逢为她撰写了一篇祭文，表达了自己内心无法排遣的痛苦和对妻子深深的怀念。他在祭文中讲：你是我的妻子，实是我的朋友，当初会试考试名落孙山，我忧形于色，茶饭不思，是你端着饭碗，坐在床前，安慰我，“你向来志向远大，怎么为此而心有戚戚啊！这次不成，还有下次。况且我们有儿子们可以教养，儿子们将来可以继承你的志向。退一步说，即便是你到底不曾金榜题名，不见得布衣百姓便可轻，富贵利达便可喜”。这岂是妇道人家能够说出来的话，你真是我的良友啊！你去世前竟然没有一句话交代后事，是你也不曾料到会如此离去，还是你怕我伤心而故意隐瞒病情，等到病情严重时已无法言说呢？你的愁肠苦衷我知道但却没有能够真切体会，你怨我吗？纵然不怨我，我也是痛心疾首，情不能自禁啊！如今物是人非，孩子们牵衣而啼，此情此景，人何以堪！你今撒手而去，你那满头银发、孤苦伶仃的母亲如何受得了这样的打击？放心去吧，你生不能尽的孝道，我自会承担。

这篇祭文感人至深，这不仅是因为孙奇逢超强的语言表达能力，更是因为是真实感情的流露，真情流露处，感人至深。他对亡妻槐氏的感情是那么的深沉，以至于他用他的一生来怀念。每年到槐氏的忌日，孙奇逢都会祭奠、缅怀，在那永远不会忘怀的感情上浇奠上一层新酒。《日谱》中有多首怀念亡妻槐氏的诗，在此谨录其中的一首：

结发人亡五十年，古云夫贵借妻贤。
生平良友实惟尔，壸德依依在目前。

杨氏温柔恭顺，心地善良。虽然孙奇逢一生萧然寒素，颠沛流离，但杨氏在这一点上从无怨言，克勤克俭，患难与共。她和睦妯娌，友爱乡党，终身没有失言、失礼之处。对前妻所生的三男二女，杨氏视如己出，儿女们也都对她孝顺恭敬，外人根本看不出她是后娘。所以孙奇逢对她非常敬重。但相比之下，杨氏的性格和槐氏豁达豪迈的性格迥然不同，孙奇逢说她有三个“太”：心太细，胆太小，胸太窄。这是多数女人正常的性格特征，无可厚非，但孙奇逢是从怜惜她的角度做出这样的评价。因为心太细，所以不肯轻易地出一言，举一事；因为胆小，所以不敢轻易地出一言，举一事；因为胸窄，所以一言一事如我意则心情舒畅，不如我意则郁闷不乐。这正是三十多年来杨氏体弱多病的原因所在。虽不及槐氏豁达豪迈，但杨氏对孙奇逢也多有匡正之功，他都默默地记在心里。

有一次，孙奇逢因为接踵而来的不顺心的事情而心烦意乱，愁眉不展。杨氏劝慰道：你常常劝导我打开眼界，放开心胸，站得高一些，看得远一些，烦恼忧愁不放到心上，如今你怎么也犯这个毛病呢？一句话点醒梦中人，孙奇逢顿时甩掉烦恼心怡然。患难夫妻过往生活中一幕幕的画面展现在孙奇逢面前，如今人去再也不复回还，不禁潸然泪下，不觉吟出下面这首诗：

清贫共守卅余年，良友规条寄□前。
五月共城掩病骨，一回涉想一潸然。
嘱我年高莫痛心，痛心更在老将临。
鼓盆莫认心非痛，忍痛为歌痛转深。

孙奇逢对于妻子的深情厚谊跃然纸上。

爱敬发之于兄弟，便是兄友弟恭，便是牵挂侄孙。

孙奇逢的父辈兄弟之间是存在着纠纷的，这从他的诗句“兄弟异乳，门内多哗”可以看得出来。到孙奇逢这一代，兄友弟恭，兄弟之间的关系非常和谐融洽。他在七十九岁时写的《自赞》中欣慰地写道：“犹幸兄我友，弟我恭，门内怡怡，共守此贫。”

孙奇逢兄弟四人，长兄奇儒、仲兄奇遇都是县学生员，弟奇彦为贡生。魏裔介说他们“兄弟相师友，皆砥砺名行”，他们血缘上是兄弟，学缘上又是道义的同侪。父母亡故，兄弟四人庐墓六年，远近乡党传为佳话。孙奇逢曾受父命从长兄奇儒学，他一直以师礼待长兄。仲兄奇遇同孙奇逢的性格多有相近之处，侠肝义胆，忠义敢为。营救左光斗、魏大中时，仲兄奇遇受孙奇逢托付，风餐露宿，奔走于定兴、京师和辽东之间，为人所敬仰。

孙奇逢与弟弟奇彦的相知更深。在孙奇彦任山东武城知县的时候，孙奇逢曾经寓居武城县衙，兄弟两个切磋琢磨，编纂《孝友堂家乘》，其中包括《哀思录》《永思录》《先美录》《复学本末诏旌记》《草堂兰谱》等，凡六种。孙奇逢请孙承宗、鹿善继、茅元仪等好友分别作序。第二年，孙奇彦辞官回乡，囊橐如洗，孙奇逢没有抱怨，而是盛赞弟弟的气节风骨。

崇祯十六年（1643），孙奇彦随同孙奇逢避难易县五公山，饥饿、困顿困扰着避难的每一个人，孙奇彦不胜其累，病倒在床上，夜不能寐，常常用吟诗的方式排遣病魔。孙奇逢彻夜陪伴弟弟，和弟弟吟诗唱和。长时间彻夜的煎熬使孙奇逢的身体也被拖垮了，劳郁成病，人事不省。等他苏醒过来，弟弟已经去世五天，昏睡之中与弟永诀，孙奇逢肝肠寸断。数年后每一次见到弟弟的手迹，仍不免泪如雨下。

孙奇彦喜欢吟诗，孙奇逢说他“无百亩田，有万首诗”。弟弟去世后，孙奇逢搜集整理了他的诗稿，编成《怡怡轩遗稿》，一直珍藏着。每年到弟弟的忌日，孙奇逢都会在住处，或在祠堂浇奠一杯清酒，怀念亡弟。《夏峰先生集》中收录有孙奇逢八十岁时在弟弟忌日所吟咏的诗篇：

七年后我生，廿年先我死。
谁家无兄弟，克恭真如子。
双峰告殒时，我病几不起。
嗣后各飘零，我借苏门止。
幸子有孙曾，孝友堂未圮。

耋年怀二人，鸰原情难圯。

洁室修祀事，子位傍考妣。

今夕子生辰，灵爽应在此。

在两位兄长和弟弟去世后，孙奇逢尽己所能照顾兄弟的子孙。夫人杨氏去世，孙奇逢去信容城告诉立雅其母去世的消息，也提及他母亲临去世前对远在容城的妯娌、子侄的挂念："念高雅之母瞽而老，以一帕遗之，凡吾家长幼、男妇，无一人不在意中。"夫妻两人患难与共三十多年，孙奇逢时时以道义教诲妻子，所以，杨氏的挂念其实就是他的挂念。在书信末尾，孙奇逢再次表达了对侄子们的挂念：家乡来人说维雅的病又犯了，让我放心不下。田园被满人圈占，大家贫困如此，哪里还承受得起再生病啊！抱雅一家人有数口，地无一亩，不知作何生路，一想起这些事情，总是坐卧不安，食不甘味。

顺治十七年（1660）年底，孙奇逢编订的《孝友堂家规》告竣，给立雅寄去一份，要求立雅把家规誊录下来，贴在祠堂之中，按照家规修身、教子、接物、齐家，同时附带了一封书信，在信中提到立雅按照规定选拔为贡生的问题。优秀的廪膳生选拔为贡生，取得进入国子监读书的资格，贡生也可以按资格依次出仕，但这中间的很多环节都需要有规例，需要花钱。清初，百姓极端贫困，加上田地被圈占，孙立雅根本无法筹集到出贡的费用。孙奇逢让信使捎过去白银二两以为立雅出贡的费用，另有杯子一个，绒袜一双。虽然清初白银的购买力比较强劲，但二两银子也确实非常有限。尽管如此，孙奇逢又补充说道："你伯母而下，维雅、永兴、永徽、瑞哥母子各付些须，你族叔奇鹏为积欠赋役受辱，我时时挂念，绒袜送给你叔叔。"尽管银钱少之又少，但孙奇逢仍然希望能够稍微分出一些资助生病的维雅、抱雅（永徽是抱雅的儿子）等急需周济的族人。

顺治十二年（1655）年底，立雅从容城到辉县看望他时，他与立雅谈到了侄子调雅，调雅是他弟弟孙奇彦的儿子，早罹不幸，夫妻双亡，留下一个小女儿，孤苦伶仃，甚是可怜。在夫妻二人去世后，孩子由年迈的外婆照看。孙奇逢命令儿子立雅回到容城后，把孩子接回去，好好教育，抚养成人。

在清初战乱之后，赋役催逼，田地圈占，两地孙氏族人贫病交加，不幸的事情接踵而至。顺治八年（1651）孙奇逢在家书中和立雅谈到对侄子抱雅的生路的担心，之后也尽己所能给予周济，但孙奇逢率领一大家子漂泊在外，贫苦不堪，对于他的帮助也肯定是有限的。顺治十一年（1654）冬天，抱雅顶风雪，冒严寒，步行千里来看望孙奇逢。看着衣衫褴褛的侄子，孙奇逢心疼不已。抱雅少年读书，父辈对他抱有很大的期望，期望着他能够考场扬名，光大家声，但明清时期考场的竞争也是非常惨烈的，抱雅最终没有能够进学，以童生终其身。好在抱雅的儿子永徽颇有天赋，孙奇逢希望永徽能够读书仕进。抱雅离去后，不久就传来生病的消息，更让孙奇逢心中挂牵。结果到顺治十三年（1656）四月，就传来抱雅去世的消息，孙奇逢放声恸哭，悲号不已。三天之后，孙奇逢情绪稍微平静了一些，为抱雅设立灵位，率领一家老少，当祭者祭，当哭者哭，孙奇逢写下了《哭六侄抱雅文》：“嗟呼，恸哉！病，不能视尔；葬，不能送尔。千里之外，为位一哭尔，其知也耶，其无知也耶！”

一桩桩，一件件，在兄弟关系的处理上，我们看到了这位历经风霜的老人的慈爱情怀。兄弟在世的时候，牵着兄弟们的手，共偕大道，以爱以敬，怡怡然共建和谐家庭；兄弟过世，在父亲的灵位旁设位以祭，永铭心间。曾经有人批评他的这种做法有违礼制，孙奇逢不以为然，他说：兄弟之间，“生生死死，缱绻之意，乌能一日忘。为位于旁，晨起瞻拜，依然父子兄弟同聚一堂，于情稍安，于礼何悖？”他又时时牵挂着侄子的生活和命运，尽己所能提供帮助。孙氏孝友堂里爱敬满溢，和气融融，怡怡然一处羲皇世界，为两地百姓树立了齐家的典范。

（三）教子读书是齐家第一急务

孙氏家族是从孙奇逢的祖父孙臣开始成为书香门第的。孙臣以举人的功名任职苏北沭阳知县、河东盐运司判，他喜读书，重视子弟的教育，六个儿子都有生员或武生的功名。孙奇逢的父亲孙丕振是一名县学生员。孙奇逢兄弟四人，奇儒、奇遇是生员，孙奇逢是举人，孙奇彦以贡生出任山东武城知县。到孙奇逢兄弟这一代，已经书香三代，形成了读书仕进的家族传统。

孙奇逢比起父祖，更加重视子弟的教育。他对弟子、子侄和论学的朋友反复强调：没有长盛不衰的世家，但家运盛衰看似变幻莫测，不可捉摸，实际上其权柄操纵在人的手中，即所谓“家运盛衰自操其柄”。在孙奇逢看来，家运盛衰的权柄就在于子弟的教育。有人向他求教：“人生何事为第一？”他说：“教子是第一事。子成人，荣及先世，庆流后裔，事更有大焉者乎？”这是在特定场合所说的话，或许有些偏颇，但他重视子弟教育的思想可由此窥知。

还有一次，他督率几个孙子读书，教诲他们说：“家道之兴，系乎子孙。子孙须早教诲，方能成立。”他认为，芸芸众生，上智与下愚都不多，一般人都是中人之资，这些人介于成与败之间。父辈注意子弟的教育，子弟们就会读书明理，兴孝兴悌，雍雍睦睦，便成为三代以上人家，自然书香常存，家声永振。

为此，他时时把子孙的教育放在心上。他亲自教授众子读书习礼，家中常常是书声琅琅。崇祯三年（1630），鹿善继弃官乡居，孙奇逢又带领立雅、奏雅、望雅和侄子度雅、量雅、维雅、抱雅来到江村，令众子侄拜在鹿善继门下，日夕诵读经书、讨论学问。

即使在患难之中，流离他乡，孙奇逢也没有放松弟子的教育。崇祯十一年（1638），孙奇逢率领族人、弟子和乡党避乱于五公山中。孙奇逢在那里搭建茅屋数楹，匾其额曰“双峰书院”，在习武操练之余，与众子侄和弟子诵读不辍，弦歌之声响彻山谷。后来在孙奇逢众人离去后，他的弟子王余佑念念不忘这里的弦歌之声，又带着一家人来到双峰书院的旧址，再建书院，教授弟子，从而使这个不文之地拥有了诵读诗书的传统。

正因为如此，孙奇逢诸子多有成就。他的六个儿子中，孙立雅是恩贡生员，孙奏雅是生员，孙望雅、孙博雅、孙韵雅、孙尚雅都是增广生员。在明清时期，因为名额的限制，获得生员资格是非常困难的（除非援例纳银），六个儿子均能进学，足见孙奇逢督率之力。而且在他的影响下，诸子都嗜好读书，砥砺品行，颇有成就。

辉县地方志为他的四个儿子立传，他们分别是孙立雅、孙奏雅、孙望雅和孙博雅。

孙立雅，受业于忠节公鹿善继，鹿善继非常器重他，以道学相期望。他不负父、师重望，事继母极为孝顺。孙奇逢南迁后，立雅留守故园，因思父心切，加之父亲年事已高，他把家务交给儿子孙澜，南来辉县侍养老父亲。父亲去世后，在兼山堂与诸弟、孙辈讲习经书，研讨学问，撰六约以训之，年七十六岁时病逝于夏峰。著有《宏斋集》十二卷。

孙奏雅，应事接物，颇有才干，并善于属文，在县学生员中很有名气。为人极孝，科举不成，就开始攻读医书，凡阴阳、气运、刚柔、秉赋及切脉察理，无不触类旁通，成为当地很有声望的郎中。他还摘录古书中的药方，根据自己的行医经验进行适当改进，最后写出了洋洋洒洒三十卷的《医学宗传》。父亲去世时，他已经年过花甲，仍然坚持为父亲守墓三年。

孙望雅，三十余岁即淡泊功名，潜心于身心性命之学，以尊闻行知为务。父亲去世后，以弘扬家学为己任，身体实践，涵养纯密。平日读书极为勤奋，有所得辄笔之于书，积少成多，汇为一册。孙奇逢看到后非常高兴，命名为《随笔录》。晚年，他汇集一生的著述为《得闲人集》。

孙博雅，聪明过人，潜心性命之学。平日他陪伴父亲不离左右，父亲著述的校订多由他完成。康熙初年，朝廷征召山林隐逸，地方官向朝廷举荐了他，他力辞不就。后来，弟弟韵雅被人陷害，遭遇牢狱之灾，他不顾一切奔走救援，终使韵雅得救。而他自己却忧郁侵扰，积劳成疾，没有能够回到辉县夏峰，客死京师。当时身居要职的魏象枢敬佩他的仁爱，写下了《孙君侪赞》：“君侪之生，为征君嗣。君侪之死，有学士志（崔玉阶志）。爱弟忘身，成仁取义。不知其学，视其行事。千载而下，望夏峰之高垅，乔梓何愧？”汤斌曾为他撰写传记，同人高其意，私谥文孝处士，以表彰他的品行。他一生著述汇集在《约斋诗文集》中。

孙奇逢诸子不但名列庠序，而且各有诗文集，即便是在今天，也是不多见的。其余两个儿子孙韵雅和孙尚雅虽没有能够列名地方志书，但也是饱读诗书，博学多闻，尤其是在孙奇逢著述的编订方面多有用力。

到了晚年，积累了一生的教育经验，孙奇逢更加重视孙辈孩童的蒙养。康熙三年（1664），因为济宁《甲申大难录》的案子，他北上回到阔别已久的容城故乡。留在故园的长子立雅这时也已经是儿孙满堂了，相隔千里不能常相见的儿孙如今日夕绕膝，孙奇逢陶醉在天伦之乐中。一日，才四岁的小曾孙椿龄一边喊着太爷爷，一边蹦蹦跳跳跑了过来，孙奇逢高兴得合不拢嘴，赶紧从口袋中掏出一把栗子递给了曾孙，告诉他不能一下子吃完，要吃一半，留一半。小椿龄很乖，果真剩下几粒攥在手里，没有吃。这时，椿龄的小姐姐跑过来了，孙奇逢赶紧往口袋里掏栗子，却发现口袋里空空如也。孙奇逢正在为难，再看小椿龄走上前把手里的栗子给了小姐姐。孙奇逢大喜，当即赋诗一首：“曾孙刚过四龄余，食栗依然见性初。恰与让梨同一意，良知原不待诗书。”这正体现了孟子所说又被阳明先生所光大的良知之说。

孙奇逢进而提出，蒙养就是要把还没有受到利欲污染的人本初的良知巩固、扩充，形成生活的习惯。一个四五岁的孩子，转盼之间便长大成人，而幼小之时正是良好道德行为习惯形成的关键时期。如果蒙养端正，把本初的良知滋养扩大，父父、子子、兄兄、弟弟，天理流行，元气团结，则贤人君子可以成就，贤人君子有所成就，则家道隆昌，这是不用占卜就可以知道的气数。相反，如果蒙养不端，恶习养成，再想纠正，则为时已晚。父子兄弟人人凌竞，各怀所私，子弟皆为贪鄙小人、丧家之子，那样的话，家的败落则可立而待，这也是不必占卜就可以知道的气数。所以，他反复向子侄强调：端蒙养，是孝友堂第一等大事。

南徙之后，人口繁衍，孙曾辈渐次到了蒙养的年龄，孙奇逢开始为孩童们延师教授，他的高足马尔楹曾经长期做孙氏家塾的塾师。家塾就开在祠堂里，每日进入祠堂，孩子们对着祖宗牌位作三揖，然后读书，朔望日在读书前则需要焚香祭拜，这样在读书的同时使孩童们接受孝悌之道的熏陶，也就是所谓的知行合一。因为孩子们年龄不同，五六岁到十几岁不等，上课形式类似于农村偏远地区学校的复式教学，按照孙奇逢的设计，九岁以上读书习礼，并训之以事亲从兄之意，并负有带领提携幼弟的责任，这算是实际教学的内容吧。五岁和稍微大一些的孩童则教之以《三字经》《百家姓》之类的识字教材，同时学习洒扫应对，明白并践行孝父从兄的道理。

儿孙读书非常勤奋，常至深夜时分，孙奇逢在《日谱》中常常透露出这样的信息。如顺治八年（1651）十月二十日，孙奇逢一边煎药，一边督率诸孙读书，琅琅书声伴着从砂锅中飘溢出来的袅袅药香，弥漫了整个兼山堂。孙奇逢随手翻书，当翻到陆游的《放翁》，其中两句引起了他强烈的共鸣：“衰年病久难停药，孺子学荒岂废灯？”

孙奇逢带领儿孙夜读的内容非常丰富，不限于诵读诗书，练习时文。有时候几代人聚在一起联句，学习写诗，直到更深。这样的环境养成了子孙们勤奋学习的习惯。

孙洤在顺治三年（1646）随祖父北上，无论到哪里，都抽出时间刻苦攻读。在容城寓居的一段时间里，他大量阅读了《资治通鉴》、二十二史等史学经典，边读边抄录，写成了《约史》。虽然其间不见得有多深的独到见解，但通过这样读书抄录式的学习，他对数千年的中国历史有了很深的了解。

孙氏子孙的学习并不是唯读经史的枯燥的学习，抚琴弹奏、吟咏歌唱也是其中重要的内容。如顺治十三年（1656）十一月七日，“灯前月下，意绪稍清，辄令孺子辈鼓琴。其琴曲非《客窗夜话》，则《归去来辞》”。迁居辉县后，孙奇逢结识了一位重要的朋友，此人叫尹晔，字尔弢，号芝仙，山阴人，以善琴得崇祯皇帝的赏识，官武英殿中书舍人。明亡后，流落各地，因爱苏门山水，定居辉县，和孙奇逢为莫逆之交。孙奇逢说：“余子若孙尝从学琴。”所以，他的孙曾辈中不少人得以通晓音律，长于弹琴，孙洤就是其中的佼佼者。

正因为如此，孙奇逢的孙曾辈也都有着很高的文化造诣。孙奇逢去世的时候，他的诸孙中已经进学的有孙澜、孙洤、孙潜、孙溥、孙溶、孙淳六人，其中孙洤已经通过了河南乡试，成为了举人。不久，孙洤又成进士，官内阁中书。他一生勤学不倦，著有《四书醒义》《担峰文集》《担峰诗集》《游记》等。孙氏子孙人才济济，诗书传家，足见孙奇逢齐家之功。

他对子孙的教育无疑是成功的，其成功的家庭教育有两个鲜明特点，值得后人学习借鉴。

第一，重视品德教育。

孙奇逢六个儿子和多个孙子都是生员，具有赴开封乡试的资格。每逢子、卯、午、酉四个年份，总有数位子孙赴汴乡试。在那个年代，金榜题名、光宗耀祖是人生最大的乐事，作为长辈都盼着儿孙雁塔题名。然而，孙奇逢却有着不同的看法。他说：“涿州史解元家子弟赴试，老者肃衣冠，设席以践，命之曰：衰残门户，赖尔扶持！今老夫所望于尔辈扶持者，又不专在此也。为端人，为正士，在家则家重，在国则国重，所谓添一个丧元气进士，不如添一个守本分平民。九十岁老人所以报答天地父母者，此区区一念耳！”面对即将登程乡试的子弟，他要交待他们的不仅仅是希望他们金榜题名，更重要的是做人，做端人君子。也就是说，两者相比，登科仕进是第二位的，明道理、做好人才是最重要的，是第一位的。当初，在江村的时候，子侄六人同应童子试，鹿善继说：“郎君等不必俱发科登仕，只本分孝悌力田，不失前辈书香，便是天地间第一等人家。”孙奇逢把这句话记在心里，每届子孙赴试的时候，都要对他们重复一遍，“尔等长奉此言，便是孝友堂佳弟子。”

当望雅、孙淦乡试不中，垂头而回的时候，他送给他们一首诗：

功令森严殊可畏，常思退步让人前。

何如闭户读《周易》，静玩羲文先后天。

其实他不是鄙薄科举，而是对子孙们强调：不要汲汲于科举考试中与不中的结果，而要重视对天理大道的学习和把握。当孙淦秋闱大捷的时候，他真是欢喜若狂，家人也是一片欢呼。他却告诫孙子说：如果一些小的得意或者小的失意能使你改变常度的话，那就说明你的器识、格局太小，你的学问修养还不到家，你还不知道什么叫作真学问。此时，正是你立身的开始，你要立定“抵挡流俗之志”。他的教诲影响了孙淦的一生。

第二，重视身体力行，反对空谈。

躬行实践、知行合一是孙奇逢为学的一大特色；空谈一尺，不如践行一寸，这是他反复教导子弟的话。他教导子弟说：你们读书，但愿你们能够识字。有人感到奇怪，就问：难道有读书不识字的吗？其实发问者不明白孙奇逢的深意。孙奇逢的解释浅显易懂：你读一个“孝”字，自认为认得了这个字，但是你尽了事亲之道了吗？你读了一个“悌”字，自认为认得了这个字，但是你尽了从兄之道了吗？小孩子进入私塾抱起课本，没有不识得“孝”与“悌”的，但谁能真正在自家身上一一体贴求实，致之于行？一个人自打孩童就读书，只是限于口说，到白首之时仍然不明白一个简单的道理：书本上的内容是要在日常生活中践行出来的，这只能叫作不识字。

这就是王阳明所讲的知行合一，知和行不是两件事，知本身就是行，知道了不去行，就还是不曾知。所以他对孔子的“学而时习之”这一句话是心有戚戚焉，在《四书近指》中拈出这一句话反复强调。子弟读书，就要在日常生活中加以实践，在日用饮食中体会天理流行，每日在祠堂读书，俨然祖宗在上，清早向祖先牌位作三揖的礼节，这就是对孝的践行。如此，洒扫应对，事父母孝，事兄弟悌，把书本上的道理体贴于实践中，这是孙奇逢反复教诲子孙的道理。

（四）在贫困患难中治理家庭

孙奇逢的一生是贫困的。他的祖父孙臣虽然做过几年知县，但因为不善于催科，被贬谪到辽东，做太仆寺簿，后来又做河东盐运司判，孙奇逢说他清操自砺，归乡时清风入袖，明月一肩，家底并不丰厚。而且他有六个儿子，十八个孙子，分家析产，到孙奇逢这一代，每人所分的家产也就非常有限了。他为父亲守孝的时候，家里常常遭遇断粮的窘境。一天，鹿善继去拜访他，两个人高谈阔论，一直到太阳偏西了，仆人才端上两碗豆面做的羹汤。鹿善继家境富厚，对此暗自叹息，但孙奇逢似乎不以为然。进入崇祯朝，社会动荡加剧，孙奇逢率领家人避难容城，避难五公山，避难白洋淀，无暇从事生产，生活更加拮据。

清初的田园圈占使这个家庭彻底陷入赤贫的境地。他带领家人背井离乡，最后到了辉县百泉，贫穷到了极点。王余佑陪伴他到苏门之后，意欲告辞回乡，孙奇逢恋恋不舍，拉着这位心爱的学生的手说：“相知之中，唯独你最深、最久，守志甘贫、誓死不渝的也只有你一人。别人可以去，唯独不忍你离去。我五十年识得一个贫字，正赖有同志者一起去践履贫的境界，体会贫的味道。今天，我们漂泊异乡，流离患难，典卖琴书、簪珥，忍病停药，日不再食，正需要与志同道合的友朋一起鼓舞志气，在患难中践履大道，成就圣贤，你难道无意于此吗？”一席话说动了王余佑，他决定留下来陪伴老师，共偕大道，并在他所住茅舍的门上挂上了一个匾额，上书三个字：“共饿斋”。不久，孙奇逢的妻子在贫病交加中离世，孙奇逢当时穷得连购买一块安葬妻子尸骨的荒地的钱也拿不出来。不得已，他写信求助于卫河使马光裕。在信中，他这样写道：

> 弟之自处，只合于城外山庄，得数间盖茅之舍，数亩种瓜之田，与诸儿栖息为上着，无奈罹此不幸，老妻客死，秋后归榇，力万不能。闻有令亲最精堪舆，即借庇荫，于先生庄旁，择一席隙地，暂寄老妻于浅土，庶得徐图归葬。

读来令人顿感凄苍，如此贫穷，如此的磨难，这是一代大儒曾经的生活状况吗？

但在孙奇逢、鹿善继看来，这种艰难困苦的生活对于他们是一笔宝贵的财富。鹿善继曾经对孙奇逢感叹他的两个遗憾：第一个遗憾是自己做官直接做小京官，没有做过知县，主政一方，不能施展自己抚育黎民的政治抱负。第二个遗憾就是生于富厚之家，学问不从患难饥饿中来，总觉得是虚谈。

孙奇逢一生经历贫困，终不遗憾，他常常说的四个字是“贫即是道”。对于此，他有一个较为系统的解释：饥渴饮食看似小事，然而对于有志于圣贤之道者却是大事。如果一个人连贫穷都耐不住，如何指望他不淫于富贵、不屈于富贵？孔颜之乐之所以动人心弦，就在于孔子的蔬水曲肱，浮云富贵，在于颜回的箪食陋巷，不改其乐。如此艰苦的条件，却不以为然，只因心中有对道的追求，所谓“朝闻道夕死可矣”。世俗之人终生汲汲于富贵，往往走入迷途，之所以如此，就在于人们在追求感官的享受的同时，就“心放”了，本有的良知为声色货利所牵绕就走失了。只有君子才可以抵挡富贵的诱惑，持守贫贱，小人则相反。正因为如此，孙奇逢讲：艰难困苦所以败小人而用以成君子。不处非道之富贵，不去非道之贫贱，在贫贱饥寒中抵挡诱惑，持守良知，体会真道的甘甜。这样，就会成就一个大丈夫，饥渴穷愁困不倒，声色货利浸不倒，死生患难考不倒。

孙奇逢到了晚年，生活逐渐趋于安定，生活条件有所好转。但他仍然对子孙反复强调“道即是贫”的道理，并进一步提出了“留余”的思想。

他引用邵雍的儿子邵伯温的话从道的高度对“留余”进行了阐述：

> 以一岁而言，冬三分不用。以一日而言，夜三分不用。皆以存本也。存本不用，用乃无穷。故人事不可尽，留十分之三可也。至哉言乎！此天地圣人之秘也，人各有用，用各有尽，忌尽留余，不独盛满宜戒。

日常生活中体现出留余，是合乎天理的做法。福乐不可享尽；势力不可使尽；说话要留余地，不可绝对；聪明不可用尽，糊涂一些未尝不是好事。留有余以还造化，留有余以还子孙，生活俭朴，这是孙奇逢从苦难经历中体贴出来的昌家之道。它的意义不仅仅是节余一些财富，使家底殷实，更是对子孙品行的砥砺。它使子孙后代在俭朴的生活中自觉抵制物欲的诱惑，养成坚忍挺拔的大丈夫气概，威武不能屈，富贵不能淫，贫贱不能移。在孙奇逢看来，俭朴的意义太大了。

孙奇逢一方面倡导俭朴的生活，另一方也在教育子侄勤于持家，读书不废耕耘。获赠夏峰庄田之后，他派自己的儿子韵雅负责主持田地的耕耘。韵雅督率众人辛勤耕耘，使一家人终年无饥寒之虞，孙奇逢对韵雅多有嘉许。

那么，勤与俭究竟哪一个更为重要呢？这是他向几个儿子提出的问题。博雅答道：只有勤劳而没有俭朴，终年劬劳，一天就给挥霍了，似乎是俭更为重要。

望雅说：一生之计在于勤，一年之计在于春，一日之计在于寅。无论是治国、治家，还是修身、治心，无外乎此，似乎勤劳更为重要。

孙奇逢听了他们的回答，说：勤与俭都重要，但是也都不重要，最重要的在于克勤克俭之人。

这个问题是孙奇逢主动向儿子们提出的，自有其深意。在他看来，家道盛衰，勤与俭固然重要，但关键还在于得有道之人。以儒家之道砥砺品行，有这样的贤子弟，家道自然昌隆；不得其人，虽日夜劬劳，胼手胝足，无益于家，不得其人，虽俭朴过于常人，恐怕只能谓之吝啬。以道治家，这就是孙奇逢齐家最大的道理。

二、以朋友为性命

（一）孙奇逢的朋友网络

儒家讲五伦，君臣、父子、夫妇、兄弟、朋友。君臣和朋友为家庭之外的社会伦理关系，君臣关系单一而且遥远，朋友关系则是每人每天都需要面对的社会关系，是作为个体的人的社会化的重要内容。人是社会的人，每个人的事业都要在人与人的社会交往中得以成就。孙奇逢对此认识得非常深刻，他重视朋友关系的处理。翻看他的文集，有两卷是往来的书信，他晚年撰写的《日谱》中书信占了很大的分量，显示出他频繁的朋友交往。

早年，他结识了鹿善继、孙承宗、左光斗、魏大中、周顺昌、曹于汴、范景文等众多的东林党人士，为营救左光斗、魏大中等人，出生入死，置个人安危于不顾，与鹿正、张果中一起赢得了“范阳三烈士”的英名。

晚年，他背井离乡，漂泊流离，所到之处，首要的事情就是拜访友朋。顺治六年（1649），从容城出发南下，抵保定，拜访姻友贾鸿洙；抵祁州，拜访刁包、李珍、李艾兰等；抵藁城，拜访毛三光、董绎帷；抵肥乡，拜访贺应旌；抵成安，拜访李允绳；抵磁州，拜访张镜心。也有很多士人闻风而至，与孙奇逢执手畅谈。

从容城到苏门，一路会友，一路恳谈，漫漫逃难路就是一条问道访友路。康熙三年（1664），他因济宁《甲申大难录》的案子投部北上，因朝中大员从中维持，得以无事。从辉县到容城，一年多的时间里，孙奇逢遍访直隶友朋。仅在户部尚书戴明说府上就停留了二十多天，沧州名流、学者汇集戴氏定园，质疑问难，吟咏唱和，成为北方学界盛事。之后，孙奇逢年事渐高，行动不便，较少出行访友了，他常常命令子侄和学生代为拜访。如康熙十二年（1673），孙淦、郭遇熙等人赴京会试，孙奇逢嘱咐他们到京城代为拜访未曾谋面的良友魏象枢。二月二十四日，孙淦家书到夏峰，备述魏象枢接待之殷，相谈之欢。孙奇逢非常欣慰，当时口占一绝："家报传来字字真，未曾谋面倍相亲。天涯此日存知己，叔季何尝无古人。"

纵观他一生的交往，朋友遍及朝野，既有朝中高官显宦、地方官员、乡村绅衿，也有荷锄耕耘的布衣百姓。其中官绅是其交往的主体。在此不妨撷取他与朋友交往的一个片段。

康熙元年（1662）二月，已经在夏峰陪伴照顾父亲数月之久的孙立雅要辞别父亲，北归容城。孙奇逢依依不舍，要为儿子送行，送了一程又一程，一直送到郡城卫辉。孙奇逢一行抵达卫辉郡城时已经是万家灯火了，他们来到汲县县衙，知县石邦柱设宴款待。第二天，乡绅苏文枢设宴。苏文枢是顺治三年（1646）进士，历官行人、给事中等，后辞官还乡，是卫辉府一乡之望。六日，孙奇逢拜访卫辉知府程启朱。九日，卫辉府推官张倓设宴。十日，卫辉知府程启朱设宴。除此之外，从四日到十一日，觥筹交错无虚日。“前后招饮者，参军蒋圣绪兄弟，李穆如、郭熙侯、刘长驭、李合符、任含真、贾庆我、苏澹余、邓其可诸茂才，李碧虚封君、李谷旦贤良、侯康侯孝廉、李环洲明经。席有分合，交兼新故。而到处追随，论文赋诗。”十二日，苏文枢又在自己的城外别墅为孙立雅饯行，朋友云集。十三日，众友和孙奇逢一起为孙立雅送行，孙奇逢和儿子奏雅等人才回归夏峰家中。

孙奇逢到卫辉府城是为儿子送别，也是朋友的雅集，卫辉知府、推官、参军和汲县知县等官僚及苏文枢等众多的乡绅宴请无虚日，畅叙友谊，论文赋诗，谈论学问。由这次长达十天的集会，可以看到他与当地官绅交游的大致情形。

明清时期仍然是一个身份社会，官民之间尊卑不同，鸿沟赫然，百姓结交地方官员是犯禁的事情。孙奇逢也说：轻易地拜见地方父母官，是亵渎他们了，不但如此，就连缙绅学士也不敢轻易交接。然而，事实上并不是这样，是孙奇逢言行不一吗？他的一个学生就向他提出了这个问题：“山人频繁出入官绅之门，似乎不合时宜，他们邀请您的时候，您为什么不设法谢绝呢？”孙奇逢回答：“贵人非吾之所敢扳，延款非吾之所敢望，但诸君自欲敦长幼之节，为后人法，奈何自甘枯槁，而阻人之为善乎？我闻日行一善人为善，其所关系更大，傲然以高洁自处，而谓人不足当一盼者，非仲尼之徒也。”攀缘富贵，固然为正人君子所鄙夷，但官绅贵人敦请，就又另当别论。因为你学问大，年龄长，诸贵人想要通过敦请年高学博之人以行古人之道，难道你能够以孤高自傲而拒之门外吗？

孙奇逢以教化为己任，接受士大夫的邀请赴宴正是他推行教化的一个重要途径。而且，官绅在社会中居于核心位置，推行教化首先是依靠他们，怎么可以自外于官绅之外呢？与缙绅的交往也是这样，他的一个重要弟子马尔楹从来不结交地方士绅，孙奇逢对他有过这样一段教诲：

“尔不晤缙绅，其意足嘉也。但不可存厌薄缙绅之念。天下大矣，古今何限，各行其志而已矣。”地方缙绅有他们的毛病，但也有他们的优点，而且他们是一方民望，推行教化、移风易俗离开他们将无从谈起。所以，你马尔楹不结交官府，无可厚非，但不可有厌薄缙绅之念，大家各行其志而已。

可见，正是孙奇逢充分认识到官绅在推行教化、移风易俗、改造社会中的重要地位，所以他对官绅宴请来者不拒，进而积极结交官绅中慕道的仁人志士，借以推行他的社会理想。由于他的学养，他的人格，他的宽和，很多官绅喜欢和他交往。王紫绶，祥符县人，顺治三年（1646）进士，庶吉士散馆授翰林院编修，不久就乞休养母。他敬仰孙奇逢的学问气节，带着老母亲来到苏门，与孙奇逢反复论学，成为至交好友。刘体仁出身颍州望族，顺治十二年（1654）进士，与孙奇逢书信往来，神交已久。后来，辞职欲归苏门，堂舍已修筑起来，但由于种种原因而最终未能如愿。像王紫绶、刘体仁这样受到孙奇逢熏陶而勃然兴向道之念的官员不在少数。就这样以官员、绅衿为主体，孙奇逢构建起来一个人数众多、影响巨大的朋友网络。

（二）取友的理念

孙奇逢对取友之道有过很多的论述，这些论述在今天看来，仍然不失为金玉良言，具有重要的借鉴意义。概括起来，孙奇逢的取友之道主要包括三个方面的内容。

第一，取友以道，以友辅仁。

孙奇逢本为豪侠之士，喜交朋友，以朋友为性命，但他同时又强调慎重交友，强调取友不滥。如果每一个人都是朋友，那实际上就是没有朋友。如果以声势相高，以酒肉相悦，那也不是真正的朋友。所以，取友必须慎重，“与其交而后择，何如择而后交。”那么，应该选择什么样的朋友呢？

真正的朋友是道义的朋友，即所谓志同道合者。忠信孝悌、礼义廉耻，这是交友的价值基础。这就是他所说的“取友以道”“以道相交”。纵观他一生的交游，晚明的鹿善继、孙承宗、茅元仪、左光斗、魏大中等，都是学有根底的节义之士；清初的魏象枢、魏裔介、马光裕、崔蔚林等，皆为纯正笃实的理学之士，其交友之道于此可见一斑。

在此基础上，他又提出了“取友之道，原在本身”的立论。忠信孝悌之人，他交的朋友往往是忠信孝悌之人；不忠不孝、多愆多尤之人，他所交的朋友也是不忠不孝、多愆多尤之人，即所谓物以类聚，人以群分。民间常说：看一个人的人品，只需要看他所结交的朋友就可以了，也是这个道理。这就要求士人以忠信孝友为念，刻苦躬行，砥砺品行。

朋友之所以重要，就在于“以友辅仁”。学问修养与接纳良友两者相辅相成，学问修养是接纳良友的前提和基础，接纳良友是学问修养的途径和方法。独学而无友，则孤陋而寡闻，学问修养单靠一个人的闭门苦修，总不能修成正果。更重要的是，在孙奇逢看来，口头上、笔头上的学问总不是真正的学问，真正的学问在于日用饮食间，接一人，处一事，不失天理之常，乃是真学问。多交良友，则把自己置身于一个良好的学问道德的环境之中，蓬生麻中不扶自直，自己的学问道德自然会在相互砥砺中悄然进步。他说，一个人一生的学问境界，全都借助于共学之人。与学问品行高于自己的人相处，恐惧警戒之心就会油然而生，自然不敢放纵，自然就会进步。所以，要多和良友相处。

他还有一个形象的比喻，他说：两炭相燃，其火始大。这是我们生活的经验：燃烧的木炭，取一块单独置于户外，不久就熄灭；但两块木炭放在一起却不至于熄灭，很多的木炭置于炉中，熊熊的火焰就会舞动起来。与此同理，一个人独学，就会雄心渐消；两人共学，则相互促进，共偕大道；多友共学，则道愈明，路愈阔，圣贤之境不经意间降临尘世。

正因为这样，他终其一生都在广交学问深邃的高洁之士，在与良友的交往中共偕大道。

顺治七年(1650)，孙奇逢在南迁途中于淇县始晤李蔚，同止望啸楼，从此去就同行，约为婚姻，终老苏门。李蔚，字霞表，雄县诸生，孙奇逢说他“口无雌黄，眉无烦恼，心无机械”，故称“三无道人”，他用力《易经》，造诣很深。孙奇逢随他读《易经》不辍，探幽穷赜，日久有得。他在《赠李霞表》一诗中说：

我向君问易，君为我指津。

无隐不披宣，有言必中伦。

君为我益友，况复托婚姻。

正是有李蔚的指导和切磋，他才在《周易》之学方面大有长进，最终撰成《读易大旨》一书。

张沐，内黄知县，是清初中原学养笃实的学者，有志于圣贤之道。康熙五年（1666），八十三岁高龄的孙奇逢驱车内黄，与张沐及内黄绅衿讲学论道一月有余，彼此建立了亲密的友谊。张沐甚至亲求孙奇逢为自己改字，他本字冲酉，但他认为“冲酉”二字与名“沐”没有联系，况且他的兄长字伯简，他想改一个“仲”起头的字。孙奇逢沉思片刻说：“天地之道，一诚而已；圣人之道，一诚而已；先生之学，一诚而已。‘诚’字也与你的名接近，请以‘仲诚’为字，如何？”张沐欣然接受。

内黄之行使孙奇逢又找到了一位志同道合的道友，他异常兴奋，在返回夏峰的路上，还沉浸在这种喜悦的情绪之中，随口吟咏了短诗一首：“内黄挺挺迥非异，自命姚江之后身。谓我心痴痴胜我，相看莫逆更何人？”此时孙奇逢的《理学宗传》也已经脱稿，张沐即着手这本书的刊刻工作。在他辞官的时候，《理学宗传》的刊刻已接近尾声，最后的收尾工作由卫辉知府程念尹主持完成。两炭相燃，其火始大，与张沐的交往使两个人的向学之念更加坚定，学理的讨论更加深入了。

刘宗周，人称蕺山先生，是晚明大儒，学问纯正，气节刚烈，向为孙奇逢所敬仰。孙奇逢曾经说："余从弱冠时知向慕公。后王念尼从公游，公亦知有余也。"明亡，刘宗周绝粒而死，孙奇逢为不能亲炙而抱憾终身，但他一直谋求与蕺山后学取得联系。顺治七年（1650），他派最信赖的弟子高鐈携带《理学宗传》初稿南游，一直到顺治十二年（1655）返回夏峰，历时五年之久。顺治八年（1651），孙奇逢再派儿子奏雅和弟子马尔楹南下，一方面是为茅家的婚姻，一方面是要拜访蕺山后学。高鐈在浙东见到了蕺山后学倪元瓒，带回了倪元瓒写给孙奇逢的书信和对《理学宗传》的评笺。孙奇逢非常兴奋，说倪元瓒"评定阐发，匡我不逮"。

顺治九年（1652），又有蕺山弟子姜希辙来访。姜希辙由温州教谕擢升直隶元城知县，专程过访夏峰。孙奇逢仰慕刘宗周的学问气节，对蕺山后学倪元瓒、姜希辙等人视为挚友，书信往返，来往不断。

黄宗羲是刘宗周最重要的弟子，虽然孙奇逢与黄宗羲并未谋面，但两个人书信往来建立了真诚的友谊。黄宗羲对《理学宗传》有所批评，他说："钟元杂收，不复甄别，其批注所及，未必得其要领。"但同时也给予很高的评价。而且《明儒学案》正是受孙奇逢《理学宗传》的启发，在它的基础上得以成书。所以，他对于孙奇逢始终怀有敬意，当康熙十二年（1673）收到孙奇逢这个九十岁老翁寄来的书信，看到其中鼓励他接续蕺山薪传的诗篇的时候，黄宗羲"读而愧之"。黄宗羲专门把这件事写在《明儒学案》中，显示出他对孙奇逢的情谊。

孙奇逢受晚明风气的影响，所到之处，与志同道合的朋友结为学社，讲明圣学，吟咏歌赋。早年在北城村有宝藏文社，顺治初年移居新安有十老社，迁居辉县又有苏门会、孟城会。康熙三年（1664）回到容城又立四老会。一帮志同道合的朋友，每月一会，或两会，谈文论道，以友辅仁，是促进学问和修养长进的重要途径，同时饮酒赋诗，也是人生快事。孙奇逢为了规范、引导文社，专门定有会约。今天在《夏峰先生集》

中可以看到他制定的《宝藏社十约》和《苏门会约》，从中可以看出他以友辅仁的苦心。

第二，宽厚包容。

一天，朋友甲在孙奇逢面前说起朋友乙的不是。朋友乙请人刊刻功过格，广为传播，劝人为善。朋友甲批评他专言报应，是佛教的一套说法，不符合儒家圣贤之道。孙奇逢并没有迎合他的话头，而是直接提出了不同意见，说：你太苛刻了，其目的不过是劝人为善。况且，《周易》里面不也讲“积善之家必有余庆，积不善之家必有余殃”，《尚书》里面不也讲“作善降之百祥，作不善降之百殃”吗？其实也有因果报应的味道。这其中涉及一个很大的问题，就是面对佛教在民间深入骨髓的影响，理学家如何推行教化。如果一味地否定民众的佛教信仰，理学家的教化就会受到抵制，根本无法推行。孙奇逢在这里讲的是一个宽容的问题，对于民众的信仰要宽容，对于朋友要宽容。

宽容，不能仅仅容纳顺从我、取悦我的人，还要容纳胜过我的人、憎恶我的人、怀疑我的人和与我意见不同的人。他说：面对胜过我的人，我知道自己的不足，他就是我的老师；面对憎恶我的人，我知道自己亏欠，他就是我的老师；面对怀疑我的人，我知道自己还有不能取信于人的地方，他就是我的老师；面对持不同意见的人，我知道还可以从别的角度思考问题，从而打开思路，他就是我的老师。能够容纳胜我者、憎我者、疑我者、异我者，足见孙奇逢的气量，这也正是希贤希圣之路。

孙奇逢的宽容是一种境界。有一个人在孙奇逢面前抱怨某人亏负他，言辞激烈，愤愤不平，表示坚决要同这样的人绝交。孙奇逢没有安慰他，没有批评亏负他的那个人，而是说：这个人所做的没有什么不可以的，不要这样抱怨诋毁人家啊。然后孙奇逢又接着说：别人亏负我，是成就我为仁人长者，我亏负人，是成就我为刻薄小人。所以，别人是否亏负我，不必问。要抱定这样一个志向：以我的大贤，什么样的人我容纳不下？能多包容亏负我的人，那么，德量广大不可测，就可以置身云霄之上，下视悠悠行云、潺潺流水。以我的先知先觉，开彼群蒙，教化民众。以其宽阔的胸怀去包容人，能够包容人，才可以教化人。最后归结到自己的大使命：教化民众。这是一种境界，一种直追孔孟的境界。

他的一个朋友要到云南去，来向他辞行，孙奇逢临别赠言："与人相处，须我能包裹的人，方能陶铸的人，不独成己，所以成物。若一味令人容我，宁直不能成人，并不能成己矣。"宽容，不但是处朋友的原则，个人修养水准的指标，也是实现社会教化这一更高层面上的问题，这体现了孙奇逢远大的理想与抱负。

孙奇逢是一个实践家，历来反对坐而论道式的高谈阔论。现在看得到的清初人所写的文字，只要提到他，都说他是一团和气，可亲可敬。我们从他调解朋友间的矛盾也可以看出他的宽和包容。李古盘和李国华都是孙奇逢在辉县的朋友，他们两个同孙奇逢一样，也都是客居于此。

李古盘本是北京人氏，清初，迫于满人的压迫，他携家带口加入到南徙人群的行列。他的姻亲李国华因爱慕苏门山水和其中的人文精神，先他一步移居辉县。李古盘听说后，也来到了辉县，在城内购置房产，安顿了下来。本来是相亲相爱的两个亲家，后来却对簿公堂。原因是李国华欠下李古盘的银钱没有及时归还，李古盘索要未果，两家关系恶化，李古盘最后告到了官府。孙奇逢喜爱交友，两个人都是读书人，都是他多年的老友，他自然不会置身事外。他的调解条理清晰，很有说服力，共分五点：第一，强调亲情和道义，毕竟两家是亲家，千里之外携手同归苏门，崇道重友，自应有无相通，世世相好。第二，区区阿堵，何关轻重。与亲情比起来，钱财算什么呢？不能把钱财看得太重，以至于失了亲情。李国华欠人钱财，自应归还，然而，李古盘也应看到亲家病卧在床，幼子孤弱，得容人处且容人，以大容小，也是长者自处之道。第三，双方应该如何做？各退一步，反身自问：自己于此时是否有负于人，是否自慊于心？李国华自应尽快还钱，不亏欠于人，方可自慊于心。李古盘既然不能焚券于前，但如果锱铢必较，似乎也非得策。第四，王紫绶等当地乡绅名流都已经关注这场纠纷，要为两家调停。你们能置众乡绅的善意于不顾吗？第五，孙奇逢又拿出两个典故树立榜样，以加强调解的说服力。一个是蔺相如回车以避廉颇的故事，一个是寇恂以不斗而包容贾复的故事。前贤宽和包容，赢得万世英名，我辈如果锱铢必较，执意相斗，岂不让人耻笑？仲由闻过则喜，令名无穷，这也是众乡绅所厚望于两家的。这五点环环相扣，极具说服力。他的调解一言以蔽之，就是强调宽容。按照他的逻辑和他的处事风格，这件事如果落在他的身上，他会秉持亲情、道义重于金钱的原则，宽容相待。如果欠钱者确实生活艰辛，难以归还欠款，焚券作罢，友善如故。如果欠钱者是奸诈耍滑之辈，那也作罢，只怪自己识人不真，交友不慎，从此算作路人而已。

这就是作为理学家的孙奇逢与朋友交往的原则，宽和包容，亲情为重，道义至上。

第三，真诚相待，侠义相助。

孙奇逢对待朋友，不但宽容，而且真诚、友善、侠义相助，正因为如此，他才具有强大的亲和力和号召力。守卫容城、防守五公山、避难白洋淀，相随者少则数十家，多则上千家，数千人之众。顺治七年（1650）他南徙苏门，相从者也有数十口。众人家园被圈占，漂泊流落，居无定所，食不果腹，挖野菜充饥，不知道何处是安身之所，处境坏到了极点。幸好卫河使马光裕以夏峰田舍无偿相赠，算是有了一个安身立命的所在。按理说，马光裕把田产赠予孙奇逢，那些田产就是孙奇逢的私人财产了，与随行之人自不相干，然而，孙奇逢慷慨地分配给各家耕种，毫不犹豫。他说："汝等千里之外既偕余来，复偕余止，各分田数亩以共余耕，年之丰歉有无共之。我闻'二人同心，其利断金'，愿各去私心，勿负闲气。各有父子、兄弟、夫妻，各安本分生活，吾之心事告汝，望汝大家听信。”一颗赤诚之心坦白无隐地展现在众人面前，真实、热诚，相从者谁不感戴？

朋友远来，孙奇逢总是高兴得有说不完的知心话，白日共饮，夜晚同宿。在此仅举一例。

高景，直隶新安人，进士出身。他与孙奇逢的友谊从顺治初年避居新安的时候就开始了，当时孙奇逢的住处因雨水而坍塌，高景就在新安学宫之东辟地，为孙奇逢建造房舍，命名为“双柳居”。孙奇逢南徙苏门之后，虽然两个人不常见面，但书信往来不断。顺治十三年（1656）五月，高景来夏峰探访，孙奇逢写下了有关这次会面的记录：“高斗南，三十年老友也。每视予苏门，联床夜话，唯恐其相去之速。斗南亦眷焉，不忍言别，然终不能不别去也。”寥寥数语，表达出朋友间的依依深情。

“联床夜话”是孙奇逢待友的一个习惯，凡有朋友到来，都是夜宿一处，畅谈至深夜。他有一篇《西轩榻铭》，说的就是他的待友之道。

兼山堂之西有房子三楹，是孙奇逢的宿舍，也是远来的亲友下榻的地方，其中有一床榻，可容十余人，“远近亲知，日夕寝于斯，食于斯”。他歌咏道：“我有斗室，一榻廓然，袂连踵接，肩比衾联，朝餐粗粝，夕得安眠，一膜不隔，四海为缘，夜分款语，非玄非禅，论心达旦。”读来令人备感亲切，不觉也渴望穿越时空，到夏峰求学做客了。

孙奇逢待人友善，真诚，虽然自己不过一介布衣，然总是尽己所能，给予别人以力所能及的帮助。尤其是对那些道义之交的帮助，他更是不遗余力。鹿善继是他一生最知心的朋友，他最服膺的理学家、节义之士，在鹿善继殉国后，鹿氏子孙凋零，生活艰辛，孙奇逢总是竭尽全力地给予帮助。

鹿善继殉国后，其子鹿化麟悲痛欲绝，加上进京为父请恤，奔波劳累，不久就去世了。一个又一个的打击接踵而来，鹿家真是祸不单行。但因为鹿氏家底殷实，生活尚不至过于艰难。然而，到清朝初年鹿氏就陷入了困顿之中。

我们先来看鹿善继的第四孙鹿旷观。从孙奇逢《日谱》的记载看，顺治八年（1651）鹿旷观从上谷来看望他，他们之间有一次长谈。上谷在张家口附近，远离其家乡定兴，说明鹿旷观此时已经离开了家乡，流落外地。到顺治十三年（1656）就传来鹿旷观客死的消息，孙奇逢非常悲痛，写下了一首《哭鹿旷观》的诗，其中的引子提供了鹿旷观的一些信息：“旷观少负高志，念懿祖殉节，不就童子试。继而外出，馆于贺孝廉家。下帷攻苦，举秀才第一。未几而病，病而死。孝廉为之归榇。”虽然其中的某些信息依然模糊，但鹿旷观的生活轨迹基本是清楚的。他因为怀念祖父鹿善继，并对清廷充满仇恨，拒绝参加县学的考试。流落外地，挂账授徒为生。但好像他后来还是参加了童子试，举秀才第一。只是不久就因病去世了。

鹿洞观是鹿善继的第五个孙子。他在顺治十六年（1659）冬天“自洺干徒行过夏峰”，孙奇逢有两首绝句描述当时的心情，其中一句说“洺干八载足深思”。“洺干”应该是指永年县临洺镇，说明鹿洞观也早已离开了定兴老家，流落外地。从他“徒行过夏峰”可以知道他当时是非常贫困的，因为当时出远门的人，但凡家中稍微宽裕的，都会借助骡、马等畜力。到康熙元年（1662）二月，鹿洞观“客死临洺关，榇不能归，孤寡七口，无以为养”。

鹿密观是鹿善继的另一个孙子。顺治十八年（1661）二月，鹿密观同孙奇逢的外甥贾焘子一同来到夏峰，当时孙奇逢有“喜尔千里至，中夜语不竭”之句。此次来归夏峰，鹿密观长期生活在夏峰村。康熙八年（1669），鹿密观有江南之行，孙奇逢在寄给南方好友的信中说鹿密观“自失业后，谋生维艰”，传递出关于鹿密观生活境况的信息。

作为四十年的挚友，孙奇逢时时牵挂着鹿善继子孙的生活、学习状况。鹿洞观徒步到夏峰，孙奇逢知道了他的境况之后，立即写信给申涵光。信中写道："定兴鹿洞观，忠节先生孙，解元君季子也。寓洺干六年矣，与元亭咫尺相望，以年家之好，俱为贤者之后，似少此一晤，此子非庸流也。得人相助，便成令器，借吾丈提携当便更殷耳。伯岩如到家，亦可引之一过其庐。"解元君即鹿化麟，他曾经是顺天府乡试第一名，俗称解元。申涵光是清初河朔派诗人领袖，孙奇逢的弟子，因为他是永年人，而鹿洞观流落的临洺关也在永年，所以孙奇逢写信给申涵光，希望他能够对鹿洞观有所提携。信尾提到的伯岩是殷岳，孙奇逢的弟子，才华横溢，与申涵光并列，名气很大。

殷岳是鸡泽人，毗邻永年，孙奇逢希望他也能够对鹿洞观提供力所能及的帮助。信寄过去了，但孙奇逢仍然食不甘味，时时挂念着鹿洞观。不久，他又给申涵光修书一封，"忆前付洞观一函，嘱之过访，不知其未至也"。尽管如此，但不幸的事情还是发生了。康熙元年（1662）二月，孙奇逢得到消息，鹿洞观客死临洺关，孙奇逢仰天长叹："忠节公生平高谊，抚孤周乏之事不可枚举。至急左、魏、周诸君子之难，履尾蹈险，破家不恤，以如此人，而子孙不免于流离饥饿，是岂天道耶！"于是派人把陷入绝境的孤儿寡母一家七口人接到了夏峰。孙奇逢一家也是人口众多，抚养鹿洞观遗孤心有余而力不足。好在他有很多激于忠义的朋友，韩鼎业、郭士标为他们提供膳食，李霖九、魏一鳌为他们修建房屋，耿极、马尔楹教授孩子读书，一直到孙奇逢去世，此时鹿洞观的孩子们也都已经长大成人。

鹿静观是鹿善继诸孙中唯一步入仕途的，孙奇逢对他也同样牵挂在心，多有教诲，多有帮助。他于康熙元年出任山西安邑知县，孙奇逢极为快慰，当即给鹿静观写了一封信，以其祖父之挚友的身份谆谆教诲："仁兄豪手敏才，自无棘手之事，恐其以夙所自负者，不能耐俗事，容俗人，激昂之过耳。腐儒心不敢负公家四世德意，故欲言质直如此。"几个月后，再去信，以"精密严恕"四字相赠。"持此四字，久而靡懈，当自有鸣琴卧理消息。以此望足下，八十老人四世相与之谊也。”不仅如此，孙奇逢又给退休在家的安邑县乡绅马光裕去信，通报鹿静观出任安邑知县之事，请求关照。到康熙四年（1665），孙奇逢得到弟子宋可发出任山西按察使的消息，立即给他去信，请求关照鹿静观，“弟念其祖而庇其孙，先生定谅我心矣”。

孙奇逢对于鹿善继子孙照顾的故事还有很多，限于篇幅，在此不多赘述。一位耄耋老人如此牵挂、照顾鹿静观弟兄及其家人，只因与其祖鹿善继的友谊和对鹿善继一生学问气节的崇敬，“念其祖而庇其孙”。他对于朋友的一颗友善、真诚、侠义的赤诚之心几乎是可以触摸到的。

（三）对孙奇逢影响较大的几位朋友

孙奇逢一生酷爱交友，朋友遍及朝野上下，城市乡村。他是一位学养深邃的理学家，倡导兼容并包，倡导躬行实践，在日用饮食间践履圣学之道，他的朋友都从他那里获得教益。同时，他也从朋友那里获益匪浅。这里，我们把对他一生有着重大影响的朋友做一个简单的列举。

鹿善继，孙奇逢一生最为重要的朋友。孙奇逢接触王阳明《传习录》是由鹿善继接引，鹿善继的思想也多为孙奇逢所继承。孙奇逢说他：“力能开辟，学耻因循；破腐去伪，温故知新。予四十年所心服而敬事，以一身而兼直谅多闻之三益者，实唯公一人。”鹿善继最后以守城而陷、慷慨殉国的壮烈方式为自己忠义的一生画上了一个句号，令人肃然起敬。他殉国后，孙奇逢悲痛欲绝，一直到他晚年，漂泊苏门，还常常北望江村——他心中一生怀念的地方。他有一首《望江村》这样写道：

闲行北望是江村，皓月疏星今尚存。

漫崖讲坛成马肆，真人面目岂沉沦？

耿氏兄弟。耿好讷、耿好讱是新安县百楼村大户，崇道慕义。崇祯十一年（1638）孙奇逢避难易县五公山，耿氏兄弟追随入山，并命子辈耿权从学。第二年春，警戒解除，耿氏兄弟打扫别墅相挽留，孙奇逢遂暂寓于百楼村。百楼村距离五公山不远，孙奇逢平时寓居百楼村，授徒讲学，闻警即入五公山。这种避难生活一直持续了六年。六年时间里，孙奇逢多得耿氏兄弟资助。崇祯十五年（1642）坚守五公山时，山上守卫绅民有数千人之多，人多粮少，孙奇逢忧心如焚。这时，耿氏兄弟把家中积粟源源不断地运往山中，山中有粮，心中不慌，从而稳定了局势。后来，耿氏兄弟的子辈耿权、耿极都成为孙奇逢最得意的门生，一生相伴，师生父子，感情至深。

茅元仪，字止生，浙江归安人。他出生在一个书香门第家庭，祖父是明代著名的文学家茅坤，父亲官至工部郎中。萨尔浒之战后，辽东事起，茅元仪意识到日益临近的渔阳鼙鼓之声，于是发奋图强，刻苦攻读兵法战术，编辑《武备志》一书。《武备志》的刊刻印行使他誉满京师。天启二年（1622），受命督师辽东的孙承宗邀请他和鹿善继等人一起随军参谋。孙奇逢受鹿善继邀请过山海关，与茅元仪一见如故，朝夕相处，成为生死之交。两人又有儿女婚姻之约。顺治七年（1650），虽然茅元仪已经离世多年，但因有之前的婚约，所以孙奇逢携家南下，意欲到归安为小儿子尚雅完婚。只因妻子病笃，而暂停南下行程，止于苏门。与茅元仪所结姻缘开启了孙奇逢的南下行程，使他在苏门找到一个可以安身立命的处所。

薛所蕴，字行屋，孟县人，崇祯元年（1628）进士，明末官至国子监司业。清朝时任国子监祭酒。他推崇孙奇逢的学问人品，于顺治二年（1645）以让贤向朝廷举荐孙奇逢，得到朝廷允准。虽然孙奇逢拒绝出仕，但两人由此书信往还，建立了良好的友谊。顺治七年（1650）孙奇逢南下，薛所蕴把林县和辉县两处山庄提供给他选择居住，以为休憩之地。孙奇逢南下途中止于苏门，跟薛所蕴提供的别墅有很大的关系。

马光裕，号玉笋，山西安邑人，顺治四年（1647）进士，官工部都水司主事，驻辉县，为卫河使。为学纯正，躬行实践。孙奇逢甫抵苏门，一行四十多口人，衣食无着，靠挖野菜充饥，妻子又去世，下葬无地。这时候马光裕伸出了援助之手，不仅在夏峰村东原为孙奇逢妻提供墓地，而且派精通堪舆术的亲戚郭景璞看风水，定穴位，下葬时还派衙役经纪丧事。后来他转任吏部，离职时以夏峰田舍慷慨相赠，不收一文，这才使流离中的孙奇逢有了安身立命的所在。马光裕对于孙奇逢的帮助可谓大矣！之后，无论是马光裕任职京师，还是告老还乡，两个人书信不断，友谊弥深。

张凤翔，字蓬元，山东东昌府人。万历二十九年（1601）进士，崇祯年间官至兵部尚书，曾同顾宪成、高攀龙等学者相切磋，学问深邃。清朝时官至工部尚书。顺治十一年（1654）孙奇逢曾经过东昌登门拜访。张凤翔对孙奇逢的评价极高，他说："容城孙启泰先生，前朝公车不赴，清朝征辟不起，盖龙德而隐者也。甲午夏四月，自苏门访余于东，门人马构斯、季子孙君孚扶侍以行。所过与人臣言忠，与人子言孝，与人弟言悌，望者以为高洁不可及，而即之甚恭而温，油油然有万物一体，满街皆圣人之意。"他对孙奇逢的《理学宗传》提出过非常中肯的意见。《理学宗传》初稿名曰《诸儒语录》，汇集了宋明五十多人的语录撮要。张凤翔认为，这个初稿人繁派淆，殊非传宗之旨。一句话提醒了梦中人，回去之后，孙奇逢又对初稿进行了大刀阔斧的修改，最后确定了由周敦颐、张载等十一人组成的理学传承系统。

郭士标、郭士栋兄弟。新乡郭氏是当地大族，他们的父辈郭淐、郭滰分别官拜礼部右侍郎和庄浪兵备副使，讲明正学，名列东林。郭士标、郭士栋兄弟绵延家学，为当地一方民望。郭淐、郭滰曾在辉县购地置产，晚明动荡时，建立寨堡，民间称为孟庄城。夏峰毗邻孟庄城，相距仅一里之遥。郭士标与孙奇逢往来密切，是孙奇逢组织的苏门会中的重要成员，他们的子侄辈郭遇熙、郭迓熙多从孙奇逢学习，孟庄城星聚堂成为他们聚会论学的主要场所。孙奇逢以昌明圣学、移风易俗为己任，郭士标在他的指导下修建祠堂，续修族谱，厘定祭礼，在河朔一代最早构建起宗族礼仪。郭氏在当地有巨大影响力，郭士标所构建的宗族礼仪为河朔宗族的发展树立了典范，极大推动了当地宗族文化的发展。可以说，郭氏兄弟是孙奇逢教化理念的主要践行者和推动者。

杨天放，本名朱国沛，朱明皇室后裔，国变易名，他是工部督水司卫河使李震生的岳父，随女儿、女婿来到辉县。从初次见到杨天放到其去世只有短短十个月的时间，但两位老人意气相投，惺惺相惜。顺治十七年（1660）二月杨天放去世时，孙奇逢亲自前往吊唁，吟咏了三首吊唁诗，焚于灵前。其中一首说：

闲来展读《夏峰歌》，读未终时泪已沱。

高韵岂随流水去，尝疑颜色月明过。

其中所说的《夏峰歌》，是杨天放用文字为孙奇逢所作的一个人物速写，极为传神，其中写道：

垂老去乡关，听泉声三十年。夏峰烟月浑无厌，茅屋数椽，修竹几竿，这便是桃源鸡犬，又何须驾柴车，东海与西山。

戴笠锄，是门外垸田，秋收约足充餐饭。鸡豚窥竹栏，蔬果缀山园，瓮头酿秫，客至刚刚淀。数一遍汉唐宋元，谈一会孝友节廉，迟迟散，前村不远，归溪月正圆。

年来食指添，不记数孙子曾玄，名错唤，袖来梨枣床头散。几个去原上执牛鞭，几个去窗下理芸编，半耕半读相更换。喜得是家无逆颜，人人尽让无争辨。张公百忍，不听妇人言。

门前履满，敢云洙泗士三千。或负笈水云边，或结茅竹树间。尼山最乐朋来远，齐奋勉。道学种子，今日只一线。生平性癖，师友倍多缘。

莫谓我耄年，我胸中别有天，饥餐困睡随方便。也不学禅，也不谈玄，一编孔孟彻宵旦，说甚么程朱王陆，门户便相悬。从陆征鞍，顺水扬帆，到头一样达畿甸。道同源，躬行实践，舌上莫空谈。

萧然一榻卧西轩，众儿孙轮流作伴。东窗旭满，南窗月转，朝昏枕上数双丸。耳聋免听俗人语，眼暗不观非圣言。暗中检点，策励无忽风烛年。

回头望，容城千里隔云烟，百门况味，渐渐都经惯，不知理乱，我且横琴把卷，高卧兼山。

虽然相见很晚，交往不长，但一首《夏峰歌》表达了杨天放对于孙奇逢的仰慕，也写出了两人之间深深的友谊。这首《夏峰歌》写出后不久就被尹晔谱成琴曲，广为吟诵传播，以艺术的形式进一步扩大了孙奇逢的影响力。

清初三大家，浙东黄宗羲、关中李颙和北方孙奇逢，三人授徒讲学，弟子众多，影响巨大。在当时，他们的影响力在很大程度上奠基于授徒讲学的基础之上。自从万历年间京师授徒之后，无论是居住在家乡，还是颠沛于他乡，无论是天下太平，还是兵荒马乱，终其一生孙奇逢都在从事教育事业，弟子遍及各地，可谓桃李满天下。他的弟子中，既有身居庙堂的汤斌、崔蔚林、许三礼、耿介，也有终身不仕的张果中、耿极、王余佑、马尔楹；既有州县官员李居易、王家桢，也有地方乡绅韩鼎业、钱佳选。众多弟子弘扬师道，薪火相传，极大地扩大了夏峰学派的影响。在长期的教育生涯中，孙奇逢形成了优秀的教育思想：不事口说，以身为教；有教无类，普化众人；强调学问要深造自得；主张构建亦师亦友的密切的师生关系。所有这些都是他留给后人的宝贵的精神财富。

一、教弟子诲人不倦

（一）杏坛耕耘终身事

孙奇逢的第一个弟子是新城的张果中。他是孙氏门婿，先从鹿善继学。孙奇逢为父母庐墓之时，张果中谨遵父命，随孙奇逢在墓庐之间问学三年。从此，终其一生追随孙奇逢，没有分开过。三年后，固安孝子贾三槐来学，与孙奇逢建立了四十年的师生之谊。这只是张果中、贾三槐仰慕孙奇逢的人品、孝行而从学，并非孙奇逢有意授徒。

孙奇逢正式的授徒生涯开始于北京。万历三十九年（1611），孙奇逢为母亲守墓期满，服阙回家，开始了正常的生活。六年守孝经历为他赢得了荣誉和尊重，兵部郎杜友白敦请其在家塾教授他的儿子。后来，京师官员薛近洙、贾鸿洙、唐灼州敦请他教授三家子弟读书。薛近洙的儿子就是大名鼎鼎的薛凤祚，后来成为清初著名的学者、天文学家；贾鸿洙的儿子贾尔霖后来娶孙奇逢长女，成为他的女婿。贾尔霖出口成章，富有文采，与他的弟弟贾尔梅、贾尔桀并称“清苑三凤”。

崇祯年间和顺治初的几年是孙奇逢生徒大进的时期。顺治十一年（1654），孙奇逢率众避难五公山，定兴人耿权从学，两年后他的弟弟耿极也从学。耿权是武举人出身，在当地有一定的影响，耿家又是当地大户，家底殷实。耿家兄弟邀请孙奇逢到定兴县百楼村他们的家里授徒讲学，安排住处，提供膳食。直到清朝定鼎，孙奇逢才离开百楼村回到家乡北城村。顺治二年（1645）从学者愈众，清苑人高鐍（字荐馨），新安人魏一鳌（字莲陆）、李知新（字晋亨），雄县人马之驯（字习仲），容城人孙凤立（字备九）先后执贽称弟子，这几位都是追随孙奇逢时间最久、最为重要的弟子。顺治三年（1646），由于田园被圈占，孙奇逢携家移居新安县。新安乡绅薛锦轩为他打扫“云宿舍”别墅，孙奇逢于此授徒讲课，门徒高鐍、王之征、孙凤立记录他的言论，开始编辑《问答语》，成为后来《答问》的滥觞。

顺治六年（1649）十一月，在办理完二哥孙奇遇的丧事之后，孙奇逢留下长子孙立雅看守祠墓，自己携家南徙，第二年五月抵达辉县苏门山，入住薛所蕴为他安排的闻啸楼。七月移居辉县城内留云舍。顺治九年（1652），卫河使马光裕以夏峰田舍无偿相赠，从此孙奇逢开始了在辉县夏峰村的安居生活。直到康熙十四年（1675）终老夏峰村，孙奇逢在辉县度过了他最后的二十五年。这二十五年，孙奇逢老而嗜学，读书不倦，学业精进；这二十五年，孙奇逢笔耕不辍，著作等身；这二十五年，各地弟子梯山航海而来，盈门溢户，是孙奇逢一生中最为辉煌的时期。

夏峰村孙奇逢后人重修的兼山堂

孙奇逢把他在夏峰村修筑的讲堂取名为“兼山堂”，显示出他作为教育家的抱负和理想。学生有问：“卦之变也，乾可变而为坤，坤可变而为乾。六十四卦递相变，以至于无穷。其不变之义安在？”在回答这个易学问题时，孙奇逢更进一步解释了为何堂名“兼山”。他说：“有立于卦之先者，太极是也。二气五行相推相荡，天人理欲互消互长，而太极终古自如。善变者，阴变而为阳，化小人为君子；不善变者，阳变而为阴，化君子为小人。《艮》背无咎，《无妄》可贞，此《易》之所以教也。以‘兼山’名吾堂，意正有取于斯。”他从《周易》的思想出发，强调世界的变化不居，人事的变化不居，君子可以变化为小人，小人也可以变化为君子。那么，在这个变化过程中，教化的意义就凸显出来。“《艮》背无咎，《无妄》可贞”，以“兼山”命名讲堂，显示的是他化小人为君子的社会理想。他的教授生涯一直在致力于变化气质、化小人为君子的工作。

然而，他的授课并非如一般史料所说的那样在百泉书院开坛讲学，弟子云集。河南社科院张佐良曾经对此有过深入的探讨。根据他的研究，孙奇逢讲授于百泉书院是子虚乌有之谈，他主要的讲授地点先在辉县城内留云舍，后在夏峰兼山堂，而且他力避讲学，讲学形式也仅仅是三五弟子环坐，师生谈话、问答而已。这种授课形式与当时的环境、与孙奇逢的理学思想都有密切关系。第一是清廷对中原士人多有防范之心，实行严酷的文化专制政策，严禁士人聚众讲学。第二是晚明书院讲学蔚然成风，然而流弊频出，逐渐形成坐而论道、空疏浮泛的学风。为矫正计，孙奇逢力避书院聚众讲学。第三也是最为重要的是，孙奇逢继承鹿善继躬行实践的思想，主张日用饮食、布帛菽粟即学问，主张“说得一丈，不如行得一寸”，“日用间凡行一事、接一物，无有不当理中情之处，此所谓道也，即所谓学也”。因而反对坐而论道、高谈性命，反对书院讲学。

对于地方官员的讲学要求，他也是婉言谢绝。顺治十八年（1661），工部主事卫河使田本沛发布“告士子文”，敦请卫辉等地生员赴苏门百泉书院，安排孙奇逢为士子们讲学。孙奇逢当时正有嵩少之行，至孟县晤薛所蕴而返。回到夏峰村后得到这一消息，立即给田本沛写了一封信，婉言谢绝了他的邀请，最后说：“先生如果不以我为愚拙，君在辉县，我在夏峰，相距不远，旬月之间，你公务之暇，我们就可以一晤。士子们果有志于圣道，听他们自来。”至于其中的原因，孙奇逢除了病体不支，就是闪烁其辞，没有非常明确地给予说明。但在五天之后给好友范辉的信中给出了详细的缘由：“从来学禁，正病在多讲，孝悌力田，人人俱足，只躬行二字，终身不能尽，多一讲说，便生枝节，枝节出，而伪学起矣。程朱且不免，况其下焉者乎？”通过谈话加以点播，鼓励弟子注重践履，在日用饮食间躬行圣道，这就是孙奇逢授徒的特点。

他笃信人人生而天理自足，人人生而良知俱备，不假外求，所以他不分上智下愚，不分士农工商，只要上门求教，他无不接引，和气满面，与人臣谈忠，与人子谈孝，与人弟谈悌，总是要造就人，教化人。正因为如此，远近绅民接踵而至，夏峰弟子遍布中原。

（二）育得桃李扑鼻香

正如杨天放所说，孙奇逢弟子“门前履满，敢云洙泗士三千”。这里，就其影响较大的弟子做一简单列举。

张果中，字于度，是孙奇逢最早的弟子，也是鹿善继的弟子，与孙奇逢、鹿正一起舍弃身家性命营救左光斗、魏大中，“范阳三烈士”的英名传遍天下。从崇祯末年开始，守御五公山，百楼、新安讲学，南下苏门，孙奇逢身边从来都没有缺少过他的身影。虽为弟子，然孙奇逢钦佩张果中的气节和学养，在张果中去世时，孙奇逢为他撰写了祭文，其中说他颓然老儒，贫穷以终，看似平常之人，然而他却不是平常之人，他是“三十余年老贡士，岂不能博一官以自润？而终身困穷厄塞而死，此正可以见于度矣”。高蹈远隐，正可以见他高洁的品格和凛然的气节。“人而直，虽死犹生，人而惘，虽生犹死。”张果中和彭之灿、理gap和并称“苏门三贤”。

耿极，字保汝，崇祯十三年（1640）从孙奇逢学，也是追随他最久的弟子之一。耿家本是定兴出名的大户人家，广有田产，经过明末的动荡和清初的圈地，家道衰落，但耿极并不介意，安贫守道，所以孙奇逢说他“浑穆有保汝，不以穷失意”。后来，耿极举家迁来夏峰，伴随孙奇逢身边。鹿善继之孙鹿洞观去世后，耿极受孙奇逢之命教授他的遗孤读书。他是孙奇逢一生最得意的弟子之一。

高鐈，字荐馨，清苑人，明末诸生。夏峰先生《问答语》主要出自他和王之征、孙凤立之手，在新安期间协助孙奇逢编修《新安县志》。顺治年间，受师命携带《理学宗传》初稿赴江南、浙东寻觅蕺山后学，交流意见，时间长达五年之久。他长期随师寓居共城，是孙奇逢最得意的弟子之一。

王之征，字五修，新安人，崇祯年间随孙奇逢问学，顺治年间孙奇逢南迁，王之征徒步随行，送至苏门，师生情深。

马尔楹，字构斯，定兴人。他的父亲马洁是鹿善继、孙奇逢的好友，崇祯九年（1636）与鹿善继一同守御定兴城，城破殉难。马尔楹随孙奇逢南下，久居辉县。顺治十一年（1654）孙奇逢东游，马尔楹随行，不离左右。他笃学力行，是孙奇逢学术思想忠实的实践者。

魏一鳌，字莲陆，直隶新安人。崇祯年间举人，清初被迫出仕，任山西忻州知州，清正廉洁，勤政爱民，然不久即告归。从孙奇逢学达三十多年，患难与共，在贫寒流离中体悟圣道。晚年在兼山堂之东筑茅屋数楹，名曰“雪亭”，受师命编纂《北学编》于其中。他的著作有《四书偶录》《诗经偶录》《雪亭梦语》《雪亭诗草》等，以“雪亭”命名他的文集诗稿，可见他和孙奇逢师生感情之深。可惜他的著作多不传。孙奇逢去世后，他与汤斌一起编辑了《孙夏峰先生年谱》，以传乃师之学。魏一鳌读书穷理，是一个笃实的理学家，但却不呆滞，在孙奇逢牵入济宁刻书案之后，他奔走于魏裔介、高景等贵人之门，使孙奇逢免于文字狱的牵连。

王余佑，字申之，号五公山人，新城人。天启年间即随孙奇逢营救左光斗、魏大中等东林党人。清初，因怀念避难五公山时孙奇逢双峰村讲学的风采，奉父入五公山，于当年旧址上再创双峰书院，读书著述，授徒讲学。晚年移居献县，讲学于献陵书院。受孙奇逢的影响，为学明体达用，躬行践履，崇尚气节。王余佑博览群书，在经史、军事、农业、医药等诸多领域都很有造诣，有《五公山人集》传世。

申涵光，字和孟，号凫盟，永年人。申涵光才华横溢，他的诗“吞吐众流，纳之炉治。一以少陵为宗，而出入于高、岑、王、孟诸家”。与顾炎武相唱和，是清初河朔诗派的开拓者，并与殷岳、张盖并称“畿南三才子”。晚年投在孙奇逢门下，转向理学，笃信躬行实践之学。

薛凤祚，字仪甫，益都人，明末诸生。他是孙奇逢入门最早的弟子之一，也是夏峰弟子中学问做得最为特异的一位。他笃信孙奇逢的教诲，反对坐而论道的空疏学风，并在一定程度上发展了孙奇逢的实学思想。他先从魏文魁学习历法天文之学，清初，又从传教士穆尼阁、汤若望游，通晓西方天文算学知识，著《太阴月亮诸行法》《西域回回术》《历算会通》等书。后来，接受河道总督王光裕邀请，治理黄运。他不顾八十岁高龄，实地勘测，参以历代治河典籍、地方志书和私家著述，编成《两河清汇》一书，足见他的实学精神。

杜越，字君异，号紫峰，定兴人。随鹿善继、孙奇逢学，从孙奇逢、张果中营救左光斗、魏大中等人，崇尚气节。明亡，以明遗民自处，隐居山林，拒绝出仕。清康熙年间，与山西傅山同举博学鸿词科，地方官强行把他载入京师，康熙授予中书舍人，坚辞不受。著有《紫峰集》。

赵御众，字宽夫，滦县人，明末诸生。入清，南下避居于密县超化。他于顺治十七年（1660）拜见孙奇逢，执弟子礼。他对理学的痴迷程度连孙奇逢都感动，所以孙奇逢非常器重他，与他的论学书信也最多。晚年孙奇逢卧病在床，赵御众侍奉床侧，尽弟子之道。孙奇逢去世后，他辑有《夏峰遗书》《传信录》《奇逢粹语》《夏峰答问》等书，能传夏峰之学。

费密，字此度，四川新繁人。费密深得家学之传，学问渊博。因明末张献忠屠蜀，随父由汉中出蜀，流落扬州。费密曾有京师之行，因为他酷爱读书，从京师带回很多的书籍，其中就有孙奇逢的《岁寒集》。他的父亲读了《岁寒集》之后，深深佩服孙奇逢的学问和气节，临终命费密将来有机会到苏门就学。康熙十二年（1673）初春时节，费密来到了夏峰村。因为费密同钱谦益、屈大均、万斯同、朱彝尊等人都有密切的交往，所以孙奇逢对他有所耳闻。费密的到来使孙奇逢喜出望外，命人把魏一鳌曾经住过的雪亭打扫干净，作为费密的休息之所，并有一诗相赠："若翁遗命令从游，地北天南喜应求。闻所闻兮见所见，携将何物慰冥幽。"费密在夏峰天天与孙奇逢讨论学术，服膺其笃实的学风。后来费密告辞的时候，孙奇逢写下"吾道其南"四字相赠送。

汤斌，字孔伯，号潜庵，睢州人。康熙五年（1666）赴夏峰，执贽称弟子。孙奇逢笃实、躬行、宽和包容的学风深深地影响了他。汤斌是顺治九年（1652）进士，官至江南巡抚、工部尚书，他得位行道，极大地扩大了夏峰之学的影响力。

崔蔚林，字夏章，号玉阶，直隶新安人，顺治十五年（1658）进士。他的父亲崔九围是孙奇逢的弟子，崔蔚林深受家学影响。康熙六年（1667），崔蔚林问学夏峰，孙奇逢为他讲论阳明心学，并告之以兼采程朱、兼容并包的学术取向。康熙十八年（1679），这时孙奇逢已经去世四年了，崔蔚林和康熙皇帝有过一次争论，崔蔚林力主阳明心学，而康熙遵循程朱理学，双方的争论就朱、王的评价，正心诚意诸问题展开，成为学术史上非常有名的一个事件，也进一步扩大了夏峰学派的影响力。

耿介，字逸庵，登封人，顺治九年进士。由汤斌引见，于康熙十二年（1673）二月拜见孙奇逢，称弟子。有《敬恕堂存稿》《中州道学编》《理学正经》《孝经易知》等著述。和众多夏峰弟子不同之处在于他对于程朱理学的笃信，这与清初的学术大背景有关。

许三礼，字典三，号酉山，安阳人，顺治十八年（1661）进士。他早年就从孙奇逢问学，深受孙奇逢思想的影响。在出任浙江海宁知县期间，聘请海内大儒黄宗羲主讲海昌书院，促进了夏峰北学与浙东学派的交流。

杨思圣，字犹龙，巨鹿人，顺治三年（1646）进士。历任翰林院编修、修撰，山西按察使，河南右布政使，四川左布政使。顺治十四年（1657）三月孙奇逢渡黄河，有杞县之行。当时杨思圣正在河南右布政使任上，希望孙奇逢能过开封一晤，但孙奇逢并没有进开封城，而是绕道返回夏峰。五个月后，杨思圣与其好友申涵光、殷岳相约过夏峰问学。其后，他们师生之间书信往来，谈学不倦。不幸的是杨思圣早逝，在四川左布政使任上入京朝觐途中，病死于怀庆府清化镇（今博爱县城）。

郭遇熙、郭迓熙兄弟。他们是孙奇逢好友郭士标的儿子，奉父命从孙奇逢游。郭遇熙，字骏臣，康熙十八年（1679）进士；郭迓熙，字骙臣，贡生。

钱佳选，字升阶，密县人，居超化寨。顺治十七年（1660）与赵御众来学，邀请汤斌、耿介、孙博雅等人到超化讲学，对当地文化教育都产生了很大的影响。

韩鼎业，字子新，卢龙人，顺治十七年（1660）来学。长期寓居夏峰，伴随孙奇逢左右。鹿洞观病死，孙奇逢派人把他的遗孤接到夏峰抚养，费用主要是由韩鼎业承担。

于鸿渐，字杜若，安肃人，顺治五年（1648）来学。顺治九年（1652）进士。孙奇逢《日谱》有《于杜若行略》。

王元镖，字玉乘，成安人，顺治七年（1650）来学，康熙三年（1664）进士，授中书。

王尔禄，清苑人，崇祯十年（1637）来学，崇祯十六年（1643）进士。入清，累官刑部侍郎。

李居易，字松友，东阿人，顺治十八年（1661）进士，任河南密县知县，与赵御众、钱佳选等密县士绅兴教论学，促进了密县超化儒学中心的形成。

以上所列二十五人是孙奇逢最为重要的弟子，其他还有很多，篇幅所限，不能一一罗列。这是孙奇逢作为教育家、理学家一生最重要的成果，一笔最大的财富，他的思想靠众位弟子光大，他的风骨靠这些学生传播。所以，他特别看重他的这些学生，尤其是到晚年，他在心里常常念叨这些弟子，一遍又一遍。康熙十二年（1673）四月，九十岁高龄的孙奇逢静坐中又想起他的这些学生，不知不觉中，吟咏了一首《怀友诗》：

余生平借良友提携之益，晚年耄废，尤感及门之助我。秋夜不寐，因为怀友诗一章，以志老怀。往者怅志气之未申，存者感河山之修阻。日月易迈，诸友其知我心否耶？

孔圣有四友，又复借六侍。
顾我耄而病，同人望更亟。
匡我之不逮，诸贤时寤寐。
端亮曰孔伯，当仁不肯避。
明达莲陆氏，到手无棘事。
新安勇向学，识力何超异。
沧州讼往愆，晚节扶其祕。
宽夫善补过，力为明学地。
垂老轻去乡，荐馨共旅食。
渥城有五修，答问借笔记。
习仲能知己，介祺称高寄。
子新饶侠肠，仪甫具识器。
枸斯安贱贫，守身明大义。
浑穆称保汝，不以贫失意。
退步震之贤，虚怀亦夔智。
骙臣有气魄，熙侯无俗累。

子石称孺慕，含真严指视。

天章多慧根，子亮本美质。

振公孝友人，乾真羡笃志。

友兰与裕卿，问学渐有次。

皃盟荆园语，鄂州辩学字。

廉干推逸庵，此度博综备。

进德与修业，努力各自治。

我年已九十，烛光安足炽。

愿言日有长，助我勿失坠。

这其中提到的有二十多位弟子，有一部分是晚年问学的弟子。其中的子石是陈奉敕，沧州人。年谱中说："沧州陈子石奉敕来问学。"很多人认为他是奉皇帝之命来夏峰求学，这是误解了，他其实不过一位诸生而已，但其孺慕之心让人感动。含真是任宅心，汲县人；习仲是马之驯，雄县人，孙奇逢早期弟子之一；天章是张灿然，原武人；熙侯是郭治化，新乡人。其他如乾真、裕卿、退步等人尚待进一步的考证。

二、教育思想可成家

（一）不事口说，以身为教

孙奇逢为学的一个鲜明特点就在于注重践履，不事口说。他反复强调他的挚友鹿善继的一句话：读有字书，识无字理。语言文字只是表达思想的工具，学习的关键不在于语言文字的把握，而在于对语言文字所表达的"道"的体悟和践履。道在哪里？不在语言文字，不在口说，而在于日常的生活实践，吃饭穿衣都是道，待人接物都是道，行事为人能够尽人性，尽物性，中节中伦，就是天理流行。

基于这样的认识，正如前文所说，孙奇逢常常是力避讲学。这正是他与众不同的地方。其实他不是不讲，而是重视躬行践履而已，他是以身为范，通过身体力行给生徒做出榜样，由此引导他们觅得学问之道。

比如学习须勤奋，这个道理他当然也会给学生讲。但他不会苦口婆心地反复强调，而是以自己的身范来影响学生。孙奇逢酷爱读书，孜孜不倦。俗话说：人过三十不学艺，有幸而过花甲，也都是颐养天年了。然而孙奇逢不是这样，他六十岁之后反而更加勤奋刻苦了，直到九十二岁离开人世，没有一天废学。他正式着手编辑他的第一部学术专著《理学宗传》是顺治四年（1647）流寓新安时，那一年他六十四岁。之后，他博览群书，又与友人弟子反复讨论，不断修订，不断完善，三十年间三易其稿，直到康熙五年（1666）才最终定稿。移居辉县之后，开始随好友“三无道人”李蔚研读《周易》，熟读深思，相互切磋，挥毫奋笔，完成了《读易大旨》。耄耋之年完成的传世著作还有《四书近指》《书经近指》。《四书近指》刊刻之后，每日研读“四书”的过程中又有心得，随处批注，积少成多，弟子为之编辑整理，又形成了一部《晚年批定四书近指》。每日读书，每日深思，学问不断长进，他自己说：“七十岁功夫较六十而密，八十岁功夫较七十而密，九十岁功夫较八十而密。学无止境。”他以勤奋好学的身范影响着每一个学生。

比如待人处事的宽和包容。这是对天理的践履，也反映出一个人的学养。他更多地用他待人接物的风范影响每一个学生。生逢乱世，人心险恶，有学生向他抱怨人心刻薄，他开导学生说，向人求厚道，哪有厚道，应该以自己的厚道去处事，自然会有厚道，没有必要怨天尤人，更不能去责备人。流传下来的文献常常说他蔼蔼然和气扑面，无论是面对朋友，还是面对弟子、家人，他从不责备人，对人总是短中求长，从不长中寻短。他以其宽和包容的身范影响着每一个学生。

（二）有教无类，普化众人

“人之初，性本善；性相近，习相远。”性善论是儒家重要的思想遗产。虽然性善论萌生于孔子，但实际上明确提出性善论的是孟子，恻隐之心、羞恶之心、恭敬之心、是非之心，人皆有之，谓之四端。“仁义礼智，非由外铄我，我固有之耳。”仁义礼智是我所固有的，是良知良能，人天生之性本为善。那么为什么有恶人呢？孟子有一个很好的比喻——牛山之木。牛山之木尝美矣，但是因为它靠近通都大邑，人们要修房盖屋，要生火做饭，所以时时入山砍伐林木，放牧牛羊，结果牛山就变成光秃秃的样子了。但是你能说牛山本来就是光秃秃的吗？人也是如此，每个人生而良知良能具备，然而为世间的诱惑所牵引，以至于良知走失，肆意而为，以至于恶。所以说，学问之道无他，收其放心而已矣，把走失的良知找回来而已。孟子的这一思想被王阳明发扬光大，于是“致良知”的一套心学理论横空出世。孙奇逢思想的得力处在于阳明心学，他顺着王阳明的“致良知”往下走，部分思想与泰州学派相近，认为人人可以为尧舜。因此他对孔子的“唯上智与下愚不移”的说法提出了自己的解释，在他看来，孔子的意思不是说天生聪明的人与天生愚拙的人是不可以改变的，而是说人一旦缺失了教化，恶习已经形成，就很难改变了。正因为这样，所以在孙奇逢那里，教化才显得尤其重要。

教化在孙奇逢那里没有上智下愚之别。一方面，从理论上说，他坚信人人良知具备，人人可以为尧舜；另一方面，他长期生活在乡间、基层，与农人樵夫日日相处，对他们有很深的了解，充满了感情。他有一首《出门与农叟谈久之戏作》：“荣辱场中不问渠，是非丛里不关余。人人各负经天手，日在锸头雨里锄。”写出了农夫的质朴，“人人各负经天手”，也写出了农夫的伟大。所以，他的教育不分上智下愚，不分高低贵贱，不分士农工商，只要前来求教，无不披衷相告，诲人不倦。

日用饮食，忠孝节义，在家长里短的聊天中，娓娓道出天理人道以教化百姓。此之谓有教无类。

（三）学问之道，深造自得

“深造自得”一词源于《孟子》，“君子深造之以道，欲其自得之也。自得之，则居之安；居之安，则资之深；资之深，则取之左右逢其原，故君子欲其自得之也。”孟子的知识论是非常深刻的。儒家之道是周公、孔子等往圣先贤经过亲身的体认和深入的思考得来的，对于他们来说，这些知识的得来是刻骨铭心的，是自得。然而，后人诵读儒家经典，即使倒背如流，也不是自己的经验，只能算是口耳之学。孙奇逢深刻地认识到了这一点，所以，他特别强调“深造自得”。他说：“学无自得，剽窃他人，一知半解，强谓了然。如此之病，最难医治。”“深造自得”成为他教育思想的重要内容。

如何做到深造自得？他认为要从如下两个方面着力：第一，在躬行实践上用力。有字之书上说的是前贤通过实践体悟出来的无字之天理，后世士人也必须在实践中进行天理的再体悟。只有这样，无字的天理才能成为士人自己的认识。“读古人书，有一字不明，一事不合，只于自己身上体贴，则不明者，无不明，不合者，无不合。”在自己身上体贴，也就是要“深造于伦常日用之间，处处踏实，不肯丝毫放过”。在日用饮食、洒扫应对之中随时随地体悟前贤之言，体悟体认天理。第二，在逆境中得力。贫穷困顿是人生的不幸，每一个人都竭力躲避。但实际上，经典上所论之道往往是往圣先贤在艰难困苦中悟出的天理，所谓“文王拘而演《周易》，仲尼厄而作《春秋》。屈原放逐，乃赋《离骚》。左丘失明，厥有《国语》。孙子膑脚，《兵法》修列。不韦迁蜀，世传《吕览》。韩非囚秦，《说难》《孤愤》。《诗》三百篇，大抵圣贤发愤之所为作也”。拂逆之来，正是动心忍性的机会。人在饥饿贫穷、艰难困苦中能够更深刻地认识圣贤之道，经历了风雨，才能见到美丽的彩虹；经历了磨难，才能更好地成长成才。所以，孙奇逢强调“学问于逆处得力”。

（四）把深情注入师生关系之中

古代儒家“五伦”中没有师生关系，但有“一日为师，终生为父”的说法，也就是说，师生关系可以视为父子关系。所以，老师的正面形象应该是有父亲的威严，我们于程门立雪的典故中可以知道师道尊严。然而，老师毕竟不是父亲，在实际生活中，私塾先生游走四乡，为一口饭而舌焦唇枯，老师不但缺乏程门立雪的威严，更缺乏师生之间的深情厚谊。

然而在孙奇逢这里，自有为师者的威严，但更多的是朋友之间的友爱和父亲一般的慈祥。

他以弟子为朋友。有士人登门问学，他总是热情接引，和气扑面，无论相处多久，从来没有疾言厉色。夏峰兼山堂西有轩三楹，有床榻可以容纳十余人，入夜畅谈，每至深夜，师生同眠，让弟子备觉亲切，他也以“千里之外仍得与同人共聚娱此”而备感欣慰。弟子告辞，他总是依依不舍；弟子离去，他总是书信常往，而且书信的抬头往往是以兄相称。兄是对朋友的称呼，他称弟子为兄，正是以友道待弟子，师生之间是亦师亦友的关系。前文所引用的《怀友诗》，其中罗列的二十多位人物都是他的弟子。他不称他们为弟子，而是称为朋友。秋夜不寐，怀念自己的弟子，一个挨着一个地在心里数着。九十岁的老人，自觉在世的年日不多了，他想对自己的弟子说：“日月易迈，诸友其知我心否耶？”这是多么感人的师生情谊啊！

他以弟子为子弟，他对弟子就如对自己的孩子一样。

耿权是他早期的弟子之一，耿氏曾殷富，孙奇逢守御五公山、讲授百楼村的几年时间里多靠耿氏资助。然而，清初的圈占对耿氏家族是一个重大的打击。耿权、耿极兄弟携家南迁，孙奇逢在夏峰村兼山堂东侧为他们修筑了茅屋数楹，为居住、读书之处。或许因生活的困顿，或许因胸中有郁结之气，耿极渡过黄河流落到了密县，耿权则愤然投笔从戎，以他武举人的身份，在清军中做了一个小头目。然而，军中也非乐土，六年的军旅生涯，“一千夫长，屯蹇累年”，饥寒交迫，从前的仆从也因为贫穷离他而去。顺治十三年（1656），耿权被调往江西，做一个负责漕粮押运的军弁，命运似乎出现了一丝的春意，一线的转机。然而，耿权却遭遇到了更大的灾难。他因为剔除漕运弊端，触动了一些人的利益，结果被诬陷，锒铛入狱。因为地理悬隔，信息不畅，孙奇逢闻知此事时已经是康熙元年（1662）了。这时，耿极的好友、侠肝义胆的王柔之要到江西探望老友，路过夏峰村，孙奇逢立即给江西按察使苏铣写了一封书信，其中写道：“所恳者，敝门人耿权，以书生投笔，江西一小弁。以押运而革运船之弊，遂遭毒手。其友王某与之同登武闱者，涉远往探消息，因叩台墀，倘得生还，便属再造。”

苏铣是交河人，顺治三年（1646）进士，曾任职卫辉府推官，康熙元年（1662）正好转任江西按察使。孙奇逢南徙百泉之时，苏铣正在卫辉府推官任上，孙奇逢在信中说自己“淹留苏门十三年矣，皆借老亲台之庇荫”，应该就是指当初苏铣对他的关照和帮助。孙奇逢的这封书信，用词非常恳切，希望苏铣能伸手相助，可见孙奇逢当时救助弟子的急切心情。

王柔之从江西回来，带来案子已结、耿权转官凉州的消息。然而，不久又有人捎信过来说案子又生变化，耿权仍然羁押江右。孙奇逢忧心如焚，此时恰好耿极在夏峰，于是有“高林谁筑读书堂，岂意行迹滞远方”之句送给耿极。不久，耿权获释，回到了夏峰，孙奇逢欣喜若狂，欣慰他最终摆脱牢狱之灾。兴奋之余，孙奇逢有诗相赠：

驰驱八载饱风霜，动计程途万里长。

忧患生人君记取，更留孝子柱天常。

耿权获释后，和儿子耿之基躬耕南亩以奉养老母，虽然不再有大难巨灾，生活则已沦入谷底，同昔日百楼的富厚完全不同了，但孙奇逢待他们仍然是至亲至爱。耿极有女初长成，与孙洤的儿子年龄相近，孙奇逢想与耿家结为婚姻，于是给耿权写下婚书："以骨肉为朱陈，道谊姻盟，世世勿替，何乐如之！"几天后，又去信一封，邀请耿极、耿权兄弟元宵节到夏峰来，并以诗催促："十六年来轻去乡，大河南北两相望。三间茅屋迟君久，榻设元宵梅正香。"耿极、耿权兄弟流寓密县，又常常寓居夏峰，两地来往频繁，又结婚姻之好，建立了非常密切的师生关系。

孙奇逢与耿极、耿权兄弟的友谊给我们提供了一个了解孙奇逢教育思想的绝好个案。耿极、耿权兄弟是他的弟子，也是他的朋友，还是他的姻亲。耿极、耿权兄弟处于危难境遇的时候，孙奇逢尽己所能给予帮助，同喜，同忧，共患难，于是耿极、耿权兄弟紧紧地偎依在了他的身旁。涵养人，才能教化人，孙奇逢与耿极、耿权兄弟之间的师生深情极大地放大了孙奇逢的教育效果。耿极、耿权兄弟编纂家谱，恢复古礼，为子孙施行久已消失的冠礼，耿极是孙奇逢思想重要的信奉者、践行者和传播者。把深情注入师生之间，构建良好和谐的师生关系是孙奇逢作为教育家获得巨大成功的基础，因而也构成了他最为重要的教育思想。

三、弟子弘道传师说

孙奇逢是一位有巨大影响力的理学家、教育家，他对北方学术、思想产生了深远影响。乾嘉时期，当考据学风靡学界的时候，北方，尤其是中原，学界却不为所动，士人们依然陶醉在夏峰理学的话语体系之中。一直到晚清，一个叫方宗诚的学者游历中原，敏锐地察觉到"中州学者大抵守孙夏峰遗绪"。梁启超也说："清初北方学者，殆无一不被夏峰之泽，著籍弟子千数，直隶、河南尤众。”孙奇逢之所以会对地方学术思想产生如此巨大的影响，不仅与其学术思想、人格修养有关，还与他的众多弟子有关。众多弟子在弘扬光大孙奇逢思想事业上发挥了重要的作用。具体可以从以下四个方面来说。

（一）讲学弘道，薪火相传

孙奇逢的弟子和再传弟子在大河南北交游论道、授徒讲学，极大地扩大了孙奇逢的影响。

赵御众是孙奇逢非常重要的一位弟子。清初，他从滦州流落到了密县，在密县超化落户。顺治十七年（1660），他到夏峰问学，入门称弟子。从此来往于超化和夏峰之间，夏峰论学，超化讲道。在他的影响下，超化乡绅大户钱佳选登门拜孙奇逢为师。超化是一处风景秀美的所在，土山高耸，洧水环绕，村民引水灌溉，遍种粳稻，一派江南气象。赵御众和钱佳选邀请孙奇逢的朋友和弟子李尌、耿极、汤斌、耿介、马尔楹等人造访其家，游览超化美景，并登坛讲道。当时的密县知县是来自山东东阿的李居易。据《密县志》记载，他“端方乐易，爱民如子”，自奉俭约，妻子纺线织布，他在超化租地数亩，耕种自食。他仰慕孙奇逢先生，执贽为弟子，刻《家礼》教化百姓。正因为这样，密县士人云集超化寨，与夏峰学人探讨学问。超化成为夏峰学说传播的中心地之一，赵御众、汤斌等人也因此赢得了“超化十子”的美名。

当时，耿介在宋代四大书院之一的嵩阳书院旧址上重建书院，邀请冉觐祖、张沐、汤斌等人讲学其中。汤斌的学生、孙奇逢的再传弟子窦克勤在柘城创建朱阳书院，讲学其中，士子云集。李来章在襄城紫云山开辟紫云书院，授徒讲学。夏峰弟子在各地创建书院，研讨学术，遥相呼应，传播夏峰之学，形成了很大的声势，使中原成为华夏大地理学氛围最为浓厚的区域。

王余佑、王之征等人对于夏峰学在燕赵大地的传播和发展发挥了重要作用。甲申之变，王余佑奉父入五公山，再建双峰书院，赓续夏峰文脉。王余佑是孙奇逢的学生，双峰书院是孙奇逢曾经讲学之地，王余佑在这里辛勤耕耘，播撒种子，极大地促进了夏峰思想在畿辅地区的传播和发展。

谈到王余佑对夏峰思想的传播，必须讲一下颜李学派。颜元、李塨师徒以理学叛逆者的学术面目出现，在近代学术史的书写中浓墨重彩，相比之下，孙奇逢及其夏峰学派则是默默无闻。然而，殊不知颜李学派正是夏峰学派的继承者，两者之间有着密切的承续关系，其中的桥梁正是王余佑和他的同门。康熙三年（1664），孙奇逢回到阔别二十余年的容城，畿辅士人闻风而动，颜元和他的弟子王法乾相约前往拜见、问学，后因故未能成行，颜元抱憾不已。后来听说孙奇逢弟子王余佑讲学易县双峰书院，遂欣然前往，为王余佑的学问和思想所折服，正式执贽称弟子。颜元一生负才自傲，然有五个人他一生以父事之，其中就有王余佑。康熙二十三年（1684）王余佑去世时，颜元"大恸"，会葬王余佑于易县。王余佑一生未仕，自然没有来自朝廷的谥号。颜元认为没有谥号不足以表彰先生一生的事业学问，于是亲自拟定了"庄誉"二字以为恩师谥号。除了王余佑，颜元还同孙奇逢弟子王之征、耿极、魏一鳌、田乃亩、陈铉、许三礼、张天章相往来。通过王余佑、王之征等人，颜元对夏峰之学有了进一步的了解，也有了更多的认同，益发视孙奇逢为泰山北斗。

虽然后来颜元、李塨的思想已经非夏峰学派的藩篱所能羁縻，但仔细分析，可以发现颜李思想实际上是夏峰思想的直接发展。反对理学，反对空谈，甚至反对讲学，主张学以致用，这是颜李学派的最大特点。颜元主张为学以"习"字为主脑，他自号为"习斋"。这些同孙奇逢是多么的相像啊！孙奇逢在《四书近指》中反复发明"学而时习之"这句话的含义，拈出一个"习"字，强调躬行实践的重要性。终其一生，他都在强调道在眼下，道在日用饮食，道在布帛菽粟。作为一个教育家，他一生力避讲学。两者比较，可以发现，夏峰思想是颜李学派的根基所在。而从夏峰学派到颜李学派，王余佑、王之征等夏峰弟子起到了桥梁和纽带的作用。

（二）移风易俗，推行教化

孙奇逢一生以教化百姓、移风易俗为己任，他的人生理想在很大程度上得以实现，士风、民风都留下了他深深的印痕。这其中，他的众弟子同样发挥了重要作用。

推行礼制，以礼治家，这是孙奇逢移风易俗的重要途径。他根据古礼和欧阳修、吕大钧、朱熹等人的礼制实践，折中取舍，解决了礼制实践中的难题，以一年为一个周期，制定了家礼、祭仪，并躬行实践。他的众弟子纷纷仿效而行。耿极、耿权兄弟虽然历经患难，漂泊流落，与族人悬隔两地，仍然编纂了《耿氏家谱》，并请孙奇逢作序，一年之内，清明、冬至，按时祭祀，以兴孝思。不但如此，耿权兄弟还参阅古礼，把民间久已不行的冠礼重新厘定，加以施行。孙奇逢高兴得不顾年老体衰，行动不便，由子孙弟子搀扶着，亲自观礼，给予鼓励。

因为久经战乱，人口离散，所以金元时期，北方鲜少聚族而居的大家庭。以民间信仰为基础的“社”成为民间社会的主要组织形式，宗族组织基本上是不存在的。明代，尽管程朱理学成为官方哲学，官府又通过科举以制度的形式推行儒家意识形态，但宗族制度在北方民间仍然十分稀少。宗族制度的普遍发展是从清初开始的，孙奇逢和他的众多弟子在这一过程中确实发挥了重要作用，而宗族的普及又为夏峰思想的传播创造了良好的社会文化土壤。

宗族易行，淫祀难除。下层民众祖祖辈辈浸润在释老和民间信仰的宗教文化氛围中，多神信仰和祭祀根深蒂固。对此，孙奇逢非常审慎，采取了稳妥的办法，一方面提倡耐俗，“耐俗才能化俗”，反对因为移风易俗把自己置于民众的对立面；另一方面，极力扩大儒学的队伍和影响，从外围逐渐缩小民间杂祀和淫祀的地盘，循序渐进地推行他的移风易俗的宏图伟业。他的众多弟子创办书院，授徒讲学，本身就是在践行孙奇逢移风易俗的社会理想。同时，一些官僚弟子也在努力利用手中的权力推行其移风易俗的宏愿，汤斌就因在江南禁毁淫祠而闻名。

康熙二十三年（1684），汤斌升任江宁巡抚，来到了苏州。苏州城西有楞伽山，湖光山色，风景秀丽，山上有五通神祠，香火旺盛，四方信众奔走如鹜，日夜喧阗。汤斌通过一段时间的观察，列举了五通神信仰的三大罪状：男女杂沓，伤风败俗；烧香还愿，靡费钱财；五通娶妇，害人性命。于是，下令焚毁神像，禁止祭拜。不但如此，他还奏请康熙皇帝将全国各省五通、五显、五圣等民间信仰尽行禁绝。与此同时，大兴学校，把庙宇的木料建材用于修复学宫、书院。当然，民间信仰有其顽强的生命力，非汤斌甚至是康熙皇帝的一纸命令可以禁绝。但汤斌禁毁五通神祠的行为仍然对江南民间信仰产生了一定影响，对于民风民俗的变迁发挥了积极的作用。

小说、戏曲等艺术形式是明清时期官府和民间知识分子推行教化的重要途径。《歧路灯》是夏峰后学推行教化的一个重要成果。这部小说的作者李绿园，名海观，宝丰人，他生活于雍正、乾隆时期，先在家乡读书，成年后曾经长期寓居开封读书，谋求科举功名。乾隆元年（1736）考中举人，之后多次进京赶考，均名落孙山，五十岁以后在贵州印江县做过一任知县。虽然由于资料的缺乏，我们尚不能指实他与孙奇逢的师承关系，但出生、成长并长期生活于中原这个深受夏峰思想影响的文化环境中，自然在其思想深处也打上了夏峰学派的印痕。他曾经长期生活的开封城，更是汤斌、张沐讲学的所在，其流风遗韵历久而不绝。更为关键的是，在其小说《歧路灯》一书中，他所表达的观念就是夏峰思想的艺术化。

这部小说具有浓郁的说教风格，李绿园讲述了开封城内官宦世家谭氏的兴衰故事。谭绍闻在父亲谭孝移去世之后，为匪人招诱，赌博嫖娼，鬻宅弃田，家道日落，而后又在父亲生前好友教诲下痛改前非、重振家业。小说通篇所表达的理念概括起来有如下几个方面：第一，教育子弟是治家第一急务，是维持家族长盛不衰的关键。第二，士人以诚敬端谨为立身之本。他所着力刻画的谭孝移是一位贡生，秉承世家风气，端方谨慎，一生一丝为非作歹之事也没有。家财万贯，却只是一妻而已，绝不纳妾。不是没有淫念，而是时时克制，恐怕玷污清白家风。他所结交的一帮朋友都是地方绅衿，张维城、娄昭、孔述经、程希明、苏霈，虽然每人个性不同，但都是身正行端的君子，都是一乡民望。第三，取友宜谨，以道相交。谭孝移结交的都是正人君子，相互砥砺，所以身正行端，家业兴旺。他的儿子谭绍闻结交匪类，赌博嫖娼，不但为人污垢累累，而且债台高筑，家道中落。第四，以艺术的形式申明了何谓真道学的问题。李绿园通过娄昭和惠养民两个真、假道学先生的鲜明对比，表达了他的道学观：口耳之学非道学，道学之名不可有，道学之实不可无，道学在布帛菽粟的日常之间的实践中。这些话语很多是孙奇逢的原话，在李绿园这里又以艺术的形式表达了出来。这一方面反映出夏峰思想在中原士人中间的巨大影响，另一方面也显示出夏峰后学传播夏峰思想、推行社会教化的努力。

（三）编刻书籍，以广流传

孙奇逢一生辛勤耕耘，著作等身。从清初寓居新安编辑《理学宗传》开始到他离世，三十余年中，编纂的书籍就有《理学宗传》《岁寒续集》《甲申大难录》《孝友堂家规》《四书近指》《书经近指》《畿辅人物考》《中州人物考》《读易大旨》《家礼酌》《苏门纪事》《日谱》等，卷帙浩繁，而且这些著作大部分都刊刻印行，得以广泛传播。那个时代印书基本上都是雕版印刷，刻书不易，花费巨大。从这些著作的编校到刊刻印刷，他的弟子们功不可没。

《理学宗传》的编纂、刊刻饱含着弟子们的心血。当初孙奇逢与鹿善继交友，两家弟子共学一处，切磋学问，即已开始和弟子们一起收集大儒著述，摘录其中的要言语录。清初，孙奇逢在新安开始整理旧稿，当时耿极等弟子都参与其中，《理学宗传》的编辑实际上成为孙奇逢教学内容的一部分。弟子们通过理学大儒的选择、资料的取舍、道统的构建经受了最好的思想学术的训练。之后，高鐈又携带初稿南下浙东，听取蕺山后学的意见和建议。高鐈在江南遍访明贤，五载始归，带回的建议对于这部书的修改大有裨益。经反复修订后，张沐请缨刊刻。在即将刊刻之际，汤斌和张沐一起又对全书进行了认真的校订和修改。可见，这部书饱含着耿极、汤斌等众弟子的心血。

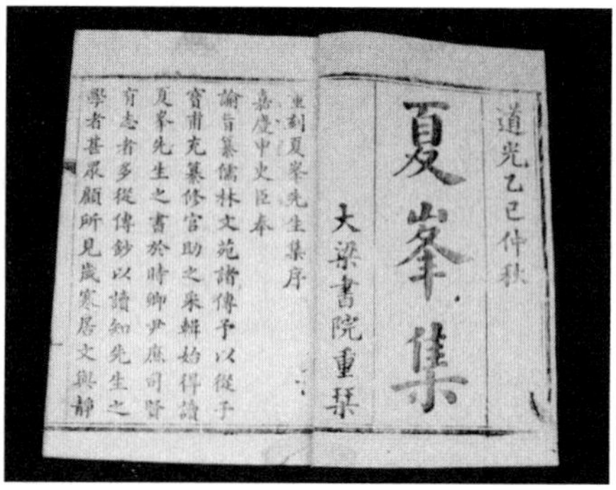

孙奇逢著作

《夏峰先生集》的编辑和刊刻也是由众弟子和孙氏子弟完成。孙奇逢早年编有《岁寒集》，为六十岁之前的诗文结集，后又有《岁寒续集》，专录六十岁之后的诗文。可惜这两部文集没有刊刻，以稿本、抄本的形式在世流传。费密之父读后对孙奇逢肃然起敬，命令费密前往问学，当时他所读的应该就是传出的抄本。抄本数量毕竟有限，《岁寒集》存世渐少。魏一鳌深感于此，曾经在《岁寒集》《岁寒续集》的基础上重新编订。魏裔介《兼济堂文集》中收录有一篇《孙钟元先生〈岁寒居文集〉序》一文，其中讲到：钟元先生“耄而好学，初无意于为文，而自壮及老，随所涉历，子弟汇抄，勒为一编，莲陆诸公为之捐资锓木，合其答问，醇备无疵，居然全豹”。收集、整理、捐资，可见魏一鳌等弟子为孙奇逢文集的刊刻做出了巨大的努力，然而后世并不见这部《岁寒居文集》，应该是此次刊刻的努力最终没有成功。中原一代的众弟子也有汇集夏峰文集的努力，汤斌在一篇序文中说：“先生殁后三年，门人汇辑诗文语录为若干卷，属斌为序，不敢辞，谨述所见以附编后，使读斯集者有所考焉。”但这部文集也未见行于世。据孙涂记载，孙奇逢殁后，弟子王伯生于康熙十七年（1678）过夏峰，“率予兄弟子侄倾笥抄录而去，与赵子宽夫选择删正，名曰《传信录》，自是先大父始有全集矣”。只是这部《传信录》后来也湮没不见于世间了，但仍可以看到他的学生编辑夏峰文集所付出的辛劳。《夏峰先生集》的最后编辑、刊刻是孙涂在耿极的督导之下完成的。

其他的著述也多由弟子编辑、刊刻。张元枢刻《答问》于覃怀，魏一鳌、常大忠再刻《答问》于上谷；赵缵、赵御众、张溍刻《书经近指》于磁州。汤斌、耿极等人又通览夏峰著述，广征口述历史，编辑了《孙夏峰先生年谱》。孙奇逢所有著述中刊刻最为艰难的要数《日谱》了。因为《日谱》卷帙过于浩繁，编辑工作繁重，刊刻耗费巨大，一直未能付诸枣梨，直到同光时期，才在孙世汶、孙少白、郑元善、武汝清等众多夏峰后学的努力下最终编辑刊印。

夏峰遗著的编校刊刻从顺治年间一直到光绪年间，几乎与有清一代相始终，反映出孙奇逢的弟子和一代又一代后学士人发扬光大夏峰学术的持续不懈的努力。这些著作的刊刻流布使夏峰思想超越时空，在中原，在北方，在全国广为传播，深刻影响着我们这个社会，影响着我们的生活。

虽然有明一代朝廷着力提高儒士的社会地位，通过科举、学校制度推行儒学教化，然而，由于社会和文化运行的惯性，儒学在民众日常生活中的影响力远不及释、老。而且，两百多年的太平安逸，社会上层骄奢淫逸，生活糜烂，圣经贤传常常被视为敲门砖而已，儒学声望再打折扣。随着清朝建立起对全国的统治，中原士人形成一种强烈的共识：必须以圣贤之道教化众人，建立起儒学化的社会。因此，教化民众就成为明清之际士人的自觉选择。孙奇逢常常感叹道丧学荒，所以他以化民成俗为急务。他强调官与绅在教化民众中的作用和责任，并认为人人良知皆备，人人可以为尧舜，愚夫愚妇可以成圣人，所以他特别注重对于民众的教化。在具体的操作过程中，把推行礼仪、构建宗族、表彰气节、提倡节俭作为教化民众的基本途径，同时，注意把握教化的策略，识得时务，因势利导，树立榜样，秉笔直书，培育氛围，环境化人，从而取得了良好的教化效果。

一、教化乡里靠官绅

康熙五年（1666），受张沐邀请，孙奇逢有内黄之行。张沐集合僚属和阖县士绅于宿云轩，请孙奇逢登坛布道。孙奇逢开篇第一句话是：“余谓风俗之美，司风教者与地方士大夫之贤、士之仁者共操其权。”“司风教者”，官僚之谓，“地方士大夫之贤、士之仁者”，乡绅和青衿，也就是绅与士之谓。在他看来，教化百姓是朝廷官僚和地方士绅的共同责任。

然而，他对清初士人的状况常有不满，他说：“十年漂泊，绝未闻有学之事，学之人。”不学何以化人？这正是他常常感叹“道丧学荒”的原因之一，所以当他收到友人寄来的某地教谕刘余清撰写的《训芜录》（一本讲章）的时候，极为兴奋，夸赞这本书是空谷足音。这时，他想起了有人对他说过的话：“道之不行也，我知之矣。草庐尚有三分恨，只合终身做遗民。”对此他很不以为然。他说：世有古今中外，道无古今中外，此学明得一分，便是此道行得一分。明学行道，化民成俗，士人可以大有作为。因此他“恨不能得刘君者数十辈，布列学宫，则先师庶不至黯然无色耳”。他不由想起了明初各地讲学的大理学家曹端（号月川），随口吟诗一首，其中有“万川月落川川月，一隅光生大地春”之句，士人讲明圣学，影响一方风俗，就如月光清辉，辉耀一方。然而，仅仅有一个刘余清是远远不够的，教化民众的事业需要更多的儒师布列学宫，培养更多热心教化的士人，才能有济于事。

虽然孙奇逢学养深厚，很少直接表达对别人的不满，但基于强烈的使命感，他对官僚的教化事功也偶尔提出委婉的批评。李霖九是一位官员，也是他的好朋友，两人常有书信往来。他曾对李霖九说：“弟尝谓风俗之厚，士君子有责焉。”并有诗相赠：“转世须风雅，苏门已有传。”他在信中极力称赞元朝的姚枢、许衡当年在苏门化民成俗、兴孝、兴悌、兴仁、兴让的伟绩。然而，接下来就表达出自己的不满：“以观今日，民犹是民，俗犹是俗，而化未成者，无姚、许其人故耳！”这不一定是对李霖九本人的批评，因为李霖九当时并不在河南任职，但他对地方守土官员没有尽到昌明理学、移风易俗之责的批评是显而易见的。所以，他积极结交地方官员，并以化民成俗的重任相期许。

正因为这样，他不顾绅衿不结交地方官员的禁忌，与地方官员保持着密切的往来，并在交往中以姚枢、许衡的事功相期许。他广泛结交地方乡绅，以十老会、苏门会等形式讲学论道，吟诗作赋，以刘因的事功相期许。他大量地接纳各地前来问学的士人，以躬行实践、昌明圣学、化民成俗相教诲。这样，在孙奇逢周围，逐渐形成了一个巨大的官绅网络，致力于以忠孝礼义的观念化民成俗，引领着民间社会文化的变迁。其中，他的弟子、再传弟子成为移风易俗的中坚力量。两百多年后，当地士人张凤台还能够感受到孙奇逢和他的弟子们的遗风余韵。他说：“明清之际，孙夏峰讲学苏门，中州士大夫负笈而从学者，以新乡为最，如七郭（骙臣、骏臣、治化、景晖、承休、景旸、琰）、三张（琰、璘、欲翕）、二段（若武、慈云）以及尚威如、杜晋卿、杨泰征、孙缵绪诸公，皆先后执贽于夏峰之门。以故邶鄘之间，历数十年而弦颂不绝，犹自乡贤之遗风焉。”

二、圣道化民成良俗

孙奇逢高举孔孟的大旗，以化民成俗为己任。作为一代宗师，他在移风易俗、教化民众方面取得了巨大的成功。仔细分析，可以发现他教化民众的途径主要有三条。

（一）行礼仪以兴孝悌

王学发展到明末，其空疏的弊端暴露无遗。为纠阳明后学的空疏，鹿善继大力倡导躬行实践的学风，孙奇逢反复强调王学的空疏不可不补。他们以躬行实践补王学之空疏的主要途径就是践行礼仪。孙奇逢强调：乾坤浑是一个礼，礼是什么？礼是天理的节文，“所以美教化而定民志，故三王不异礼而治”。以礼修身，则身修；以礼齐家，则家齐；以礼治国，则国治；以礼平天下，则天下平。修齐治平，都离不开礼，所以礼是修齐治平的把柄所在。而礼在修齐治平过程中的运用，最终要归结到人心，转化为风俗。所以他在答友人的书信中再次强调：人心风俗，总在礼教。

五礼之中，吉、凶、军、宾、嘉都是从国家层面制定的礼制。孙奇逢从未出仕，所以在他那里，五礼主要是落实到修身齐家，家庭礼仪成为他践行礼制的重要内容，尤其是丧礼和祭礼。

他在年轻的时候，遭遇父母之丧，他们兄弟四人庐墓守孝，前后六年。父母丧葬，不鼓吹，无僧道，一准古礼，远近乡民扶老携幼前来观礼。这样的丧葬礼仪对于民众而言本身就是儒教礼仪的普及。

终其一生，凡有践行儒家丧葬礼仪的事情，他都非常高兴，竭力表彰。顺治十七年（1660）十月十五日，辉县城中众士绅接到孙奇逢派人送来的一封书信。信中大意是："沈逢源秀才是鄙人庚子科同年沈芳阳的弟弟，无子而贫，国初逃难，客死辉县已经十多年了。现在他的侄子来办理他的丧事。这是值得表彰的孝友之事，所以，鄙人已经置办了礼品，邀请诸位同往一吊，以彰厚道。"孙奇逢和城中诸友都是当地有声望、有影响的重要人物，这样的丧祭自然会在民间产生很大的影响，引导一乡风俗的变迁。

武陟生员杭行麓是他晚年最喜欢的弟子之一。杭行麓家境贫寒，地无一亩，教书为生。母亲早亡，后来父亲到黄河南岸谋生，死在了那里，因为贫穷力孤，就在当地埋葬了。父死不能归葬，杭行麓一直不能释怀。三十多年后，杭行麓已是年过花甲的老人了，归葬父亲尸骨之心更加迫切。最后，他徒步黄河之南，往返十日，背负父亲尸骨而归，归而葬于祖坟。这样的丧葬体现着儒家所倡导的大孝，孙奇逢听说此事，和在座弟子说了七个字："六十二岁犹孺慕！"并于当晚作了一首《杭行麓为其亲合葬，诗以慰之》的长诗相赠送。

以礼齐家，孙奇逢先后撰写了《孝友堂家规》《家祭仪注》《家礼酌》等治家规范和礼仪。一堂五世，祖孙、父子、兄弟、公婆、妯娌，同爨者七十多口人。一家人言孝言悌，友爱谦让，雍雍睦睦，言语行动，循循有礼，八九十岁老翁能够把家治理到这种境界，他的齐家实践无疑取得了巨大成功。

然而，在孙奇逢看来，这只是一个家庭，至多不过几十口人，虽然能够在民间社会树立一个典范，从而对社会风俗的向善有所促进，但其影响力毕竟有限。如何更有力地以孝悌观念影响一方百姓？构建宗族！在家庭生活的只是几口人、几十口人，宗族则可以联络几百人，甚至上千人。士人通过世系的梳理，族谱的编纂，祖坟的祭祀，祠堂的修建，就把几百、上千人凝结在了一起。以一人的仁孝，带动一家的仁孝，带动一乡、一国、天下的仁孝，宗族是多么重要的组织形式！孙奇逢意识到了这一点，强调说："后王君公惇行于上，兴仁兴让，本一家以型万家；大夫卿士笃行于下，思孝思悌，合万家以则一家，晰之以昭其辨，合之以洽其情，分而不散，久而不湮，诚亲睦之隆规，适治之大道也。"构建宗族是兴仁兴孝，移风易俗，达到天下大治的根本途径。所以，孙奇逢特别重视宗族的建设。

当他着手推进宗族建设的时候，他发现宗族文化和宗族组织在地方社会少之又少，几乎不见踪影。他说："余来苏门，仅见郭宗伯一家有谱。"新乡郭氏是当地的仕宦大族，郭淐于万历年间编辑了第一部《郭氏家谱》。但这部家谱其实并不能代表郭氏宗族的兴起，第一，这只是郭淐坐在书斋中编制的一个文本，而且种种信息表明，这个家谱只是他自己上至高曾祖祢，下至儿孙曾玄的直系世系，不及远族；第二，没有联络族人的合族祭祀活动。严格地说，这不叫宗族。当时就孙奇逢所见，只有《郭氏家谱》，那也就是说，辉县、卫辉府基本上没有宗族组织的存在。

为什么会是如此情形？孙奇逢有过非常深入的思考和探讨，在他看来，造成宗族组织稀少的原因主要有如下四个方面：或者是儿孙败家，后裔不振，世家由鼎盛而趋于没落，无人从事宗族建设；或者是族中无名公显宦，品官贵人，担心僭越，不敢从事宗族建设；或者是士人漠然视之，认为事不关己，不必去自找麻烦，白费力气；或者是载籍不备，父老不传，世系不清，名讳不知，欲修而不能修。那么，应该如何扫除障碍，推动宗教的发展呢？孙奇逢认为最为关键的有两点：第一，如何使庶民构建宗族而不涉僭越；第二，如何动员士人踊跃修谱。

在孙奇逢影响下新乡最早建起的郭氏祠堂

针对第一点，孙奇逢提出了始祖可以祭祀的观点，以北方儒学宗师的身份扫除了宗族建设的最大障碍。按照古礼以及明代嘉靖年间的礼仪改革，官员可以建立家庙，家庙祭祀仍然止于高祖，那么，高祖以上的祖先可以祭祀吗？如果不可以，那么又如何联络五服之外的族人构成一个宗族呢？所以，宗族建设必须扫除始祖不可祭祀的障碍。孙奇逢的聪明之处在于他能够从权威官书《大明会典》中找到突破口。他查阅会典，找到了士庶“冬至祭始祖”的规定。这是古代流传下来的风俗，源远流长，《大明会典》不过是把民间习俗以朝廷官书的形式加以确认而已。但在孙奇逢看来，这个简单的确认就可以扫除宗族建设的障碍。因为，既然冬至可以祭始祖，那么，地点就变得不重要了，既然可以在墓地祭祀，当然也可以在祠堂祭祀。他的这个观点首先由郭士标在新乡郭氏宗族推行，郭士标修建了规模宏大的祠堂，联络远族，墓地祭祖之后，再到祠堂祭祀。此后，祠堂在当地普遍修建了起来，始祖祭祀普遍展开，宗族也开始迅速发展起来。

针对第二点，孙奇逢从他的论学挚友和众多弟子入手，说服他们构建宗族，从而带动整个北方地区的宗族建设。

一天，他的一位好友枚卜来拜访他。两个人在聊天过程中，孙奇逢就谈起了宗族的问题，说偌大的卫辉府，仅见有新乡郭士标家有家谱。而宗族于风俗人心是万不可缺少的东西。言者有意，听者也有心，枚卜当时没有说什么，告辞归里，十多天后再次登门。使孙奇逢惊喜的是，这次枚卜带来了他新编的家谱，前来求正。孙奇逢感叹：“家家记述其祖父，人人叙录其子孙，仁孝同心，古今一也。”枚卜是一位举人，在当地享有很高的声望，他的举动对于地方宗族建设的影响可以想象。

张琰、张璘兄弟两个都是孙奇逢的弟子，新乡士绅，他们在《张氏家谱》的序言中更清楚地描述了这个家谱跟他们的老师孙奇逢的密切关系。张琰讲：每次到夏峰问学，孙奇逢总是讲到家谱，反复强调：纂修家谱、修明祀典事关仁孝，在道丧教衰之际，谱世系、修祀典是人生第一急务，化民第一急务。受其影响，张琰兄弟开始梳理张氏世系。然而在世系关系大致明了之后，如何编纂谱系表成为一个问题。于是再次拜谒夏峰，“孙夫子具以修谱是训，且出家谱规例以示大略”。张琰兄弟仿照孙奇逢所示族谱的格式编纂出了《张氏家谱》。孙奇逢非常高兴，当天就为张琰所修家谱撰写了序言。他在序言中仍然强调修谱的重要性："修谱一事，仁人孝子第一急务莫切于此。仁义知礼乐之实，总不外于事亲从兄，人人亲亲长长而天下平。故语天德，孝悌之外无天德，语王道，孝悌之外无王道也。"

在孙奇逢的影响和带动下，卫辉一带修谱建祠渐成气候。在这样的文化氛围中，原有的家谱也得到了进一步的完善和发展。郭遇熙，字骏臣，孙奇逢好友郭士标的儿子，也是孙奇逢的得意门生。郭遇熙在给本县生员王孟和编写的《王氏宗谱》撰写跋语时，仔细浏览以后，发现《王氏宗谱》世系清晰，条例完备，郭遇熙感慨良多："因念人各有祖，祖各有宗，余家鄘邑垂三百余年，历世数十，生聚数百，旧有小谱而不能续。今读王氏之谱，不禁汗浃焉。"正是在《王氏宗谱》的影响下，郭遇熙才决定把原有的《郭氏家谱》扩而大之，把血缘疏远的族人统统续入。

对于士人修谱建祠的行为，孙奇逢极力表彰。康熙十四年（1675年）二月初三，此时距离他去世只有两个多月的时间了。有延津生员申宣国来为其亡父申绍芳所撰写的《资治说约》求序。延津距离辉县不远，只有一百多里的路程。申氏是延津望族，申绍芳祖父申志深是万历年间进士，父亲申如埙是举人出身，官至九江通判。对于申氏，孙奇逢是有所耳闻的。当看到申宣国所提供的其父申绍芳的生平文字的时候，很是感动，不顾九十二岁多日卧床的老迈身躯，叫儿孙扶着，披衣而起，撰写了一篇很长的文章。其中写道：申绍芳为父亲庐墓守孝三年，"复联同族，会族共饮食，而齐好恶，修葺祖茔，不役支庶，遵范文正遗意，自捐百金，置腴田八十四亩于坟墓之侧，以为祭田。丰则治俎豆，俭则备周恤，合申之老稚尝有待于举火者。丙寅值岁凶，出粟百石以济饥者。好施棺殓骨，不可枚举"。这正是令孙奇逢"不禁老怀倾倒"的原因，所以，虽未曾谋面，孙奇逢仍然不顾老迈，欣然命笔，为的是表彰义行，激励士人的宗族构建。

中原社会宗族组织的迅速发展开始于康熙年间，一套宗族祭祀的礼仪在民间社会建立了起来，孝悌仁让的观念通过宗族祭祀深入人心，其间有孙奇逢莫大的鼓吹之力和奠基之功。

（二）表气节以彰圣道

1. 为何要讲气节

“燕赵大地多慷慨悲歌之士”，这几乎是司马迁的《史记》问世之后两千年来人们的普遍看法。孙奇逢生于燕南赵北，与师友弟子鹿善继、张果中秉承地土之气，以前贤为榜样，以豪杰相期许，侠肝义胆，节义刚烈。天启年间拼死营救左光斗、魏大中等东林党人，节义之名满天下。

然而，在经历了颠沛流离、艰难困顿之后，尤其是对儒家经典和程朱陆王先贤文集精研深思之后，孙奇逢开始对当年的节侠之气进行深入的反思，开始纠正节侠之偏。他不再崇拜司马迁《游侠传》中的英雄，也不再崇拜东汉末年的节义之士。他评价朱家、郭解之徒，说他们言必信，行必果，诺必诚，不爱其躯，固然可爱，但他们因为不知学，往往以武犯禁，为人所讥笑。他评价东汉，说他们轻生舍命，为气节而气节，总是因为不知学。

也就是说，孙奇逢晚年所倡导的气节更多地加入了“学”的内涵，用理学改造气节，气节由理学而出，合乎中庸之道。这一问题在前文已经有过说明，在此不再赘述。在这里需要强调的是他对世人有关气节认识偏差的纠正。

首先，纠正节侠，不是反对激烈的血性。孙奇逢说他最怕无生气、无血性之人，其中包括老于世故之人。有血性之人，见善自喜，闻恶自怒，见贤思齐，见不贤内自省；然而有一种人，见善不喜，见恶不怒，见贤不知思齐，见不贤不知自省，一切都是漠然视之，从无慷慨激烈的表现，这叫作无生气、无血性之人。这种人不但不足以言圣贤，而且不足以言为人。要做圣贤，必须有慷慨激昂之气，血气充盈，勃然欲发。

其次，倡导气节，反对客气。何谓“客气”？孙奇逢并没有解释，而是在下面所引用的这段文字中直接使用了这一概念：

> 有道之世，处处平康，人人亲长，一切仁义礼让之事皆无所为而为，故无气节之可言。忠义降激而为气节，则有所为矣，然犹其气之近于正者也。气节之弊流而为客气，遂未免有愤戾决裂之事。士流于矫拂，民入于悍健，世将有受其祸者。从来客气之人最害事，皆因自视以为气节耳。

如果联系明末的社会状况，可能较为容易理解“客气”这一概念了。

有道之世，父慈子孝，兄友弟恭，朋友有信，仁义礼让，无所为而为，自然无须气节之张扬。然而现实生活并非理想中的有道之世，明末尤其不是一个有道之世，而且明代人受理学的影响而走偏，逐渐发展出一种尚气好名的癖好。杨继盛激于忠义参奏严嵩，结果被抓，狱中受尽酷刑而终不屈，临死之时题写绝命诗，其中有“浩气还太虚，丹心照千古”之句，其气节烈烈，令人敬仰。然而，孙奇逢认为他不必做如此激烈的举动，有道则退，无道则隐，就可以了。所以这段话里他说“忠义降激而为气节，则有所为矣，然犹其气之近于正者也”。杨继盛虽有所为而为，可以称为气节，自然应当受到表彰，但如果再等而下之，就是“愤戾决裂之事”，也就是“客气”了。可见，“客气”近似于戾气。联系晚明的政治，他所说的客气，说白了就是在批评包括东林党人在内的明末士人尚气好名，自认为激于忠义，站在了道义的最高处，实乃为戾气。明末风气之坏，客气之人负有主要的责任。

与此相关的是好名轻生的行为方式。明人好名，好名则往往轻殒其身。如一举人，在清兵南下的时候，向北叩头而哭，然后，置年迈老母、弱妻、幼子于不顾，整理仪容，投水而死。此人为什么轻舍生命、弃人伦？答曰：为名所害。

其实，“客气”说到底还是由于学养不深的缘故。真正深邃于学的圣贤之士，不求节义之名，不贵杀身成仁，不贵舍生取义，但职责所在，形势所至，当死即死，绝不贪生以害仁。即所谓理学不专为节义，但节义必由理学。

以上所讲是理学对于气节的意义，反过来，气节对于理学也同样有着重要的意义。这是孙奇逢晚年常常强调的问题。也就是说，对气节的纠偏并没有影响他对气节的提倡，恰恰相反，晚年的孙奇逢更加强调气节的重要性了。

他谆谆教导弟子说："不重名节，不修行宜之人，决不可以谈学问。"如何理解这一句话？他在回答弟子"学问从何处下手"的问题时提出了这个命题。我们沿着他的思路走，他说：学问从人伦日常处下手，尽一分人伦，便是一分学问，人伦无缺陷，学问始到家。人人自是良知具备，但声色货利日日诱惑。牛山之木丰茂，但斧斤伐之，牛羊牧之。为不为，欲所欲，开始不自主，后来不自觉，遂成为奸邪恶人。如何克制欲望，抵制邪念，使学者就正道，达至善？孙奇逢说出了这一句话：不重名节，不修行宜之人，决不可以谈学问。一个注重名节行宜的人，自然会坚决地克制邪淫的欲望，自然不会为非作歹以害名节。由此来看，名节、行宜是克制欲望、抵制邪念的有效途径，是学问、修养的必由之路，是为理学扎上的藩篱。

这就是孙奇逢关于理学与气节关系的认识：理学是气节的基础，而气节是理学的藩篱，两者相互依存，缺一不可。故此，气节成为孙奇逢教育弟子、教化社会的重要抓手。

2. 表彰先贤名公

往圣先贤、名公硕儒是社会的楷模，为人处事的标杆，因而也就成为社会教化最重要的文化资源。无论在容城，还是迁居辉县，孙奇逢都特别注意挖掘当地文化资源，通过表彰当地先贤名公来推行社会教化，移风易俗。

刘因，容城人，是元代著名的理学家，北方儒学之宗。他以授徒为业，由于学问博洽，声望日隆，元朝朝廷征召他出来做官，他应召做过赞善大夫，教授宫中子弟读书，但时间很短就辞官还乡了。此后朝廷以集贤学士相征召，刘因以病辞。忽必烈感叹："古有所谓不召之臣，其斯人之徒欤！"欧阳玄视之为麒麟凤凰，认为他是元代圣学的担纲者，从周公、孔子之后，为往圣继绝学，为来世开太平。因为他高蹈不仕以尊道，气节烈烈万世师，所以受到明代学者的普遍敬重。孙奇逢所处的时代与刘因相似，屡征不出的志向与刘因相似，以道统自任的使命感与刘因相似，他对刘因特别崇拜、敬仰，自然，刘因也就成为他塑造地域文化、推行社会教化的重要文化资源。

刘因祠在容城城内，奉敕建造，官府定期祭祀。他的墓地在容城沟市村，荒原土丘而已。出于敬仰，孙奇逢常常与鹿善继等好友前往刘因墓地凭吊，砥志砺节。每次祭拜，看着枯叶飘零，衰草瑟瑟，总有修建墓祠的冲动。崇祯四年（1631），夙愿终于得以实现。他是一个很有动员能力的人，这一年他联络了鹿善继和容城阖县士绅，醵金捐款，在刘因墓前建起了祠堂，雕梁画栋，神像穆穆，庄严壮丽。

元初容城儒士刘因

刘因一子早逝，没有留下后嗣，所以墓祠平时的洒扫管理无人承担。考虑到这一点，孙奇逢呈请容城知县，免除了沟市村的差徭，让村民专一支应祭祀和墓祠的维修。以后，每年清明节孙奇逢都要联络当地士绅到刘因的墓祠进行祭祀凭吊。

这次墓祠修建之时，孙奇逢经过细致考证，撰写了一篇《告阖学》的公开信，遍告士绅，提议于配享诸贤中增加两人——李伸和他的门生张绍烈。李伸是明代国子监丞，多次上疏奏请刘因从祀孔庙，后来皇帝下旨，在容城城内为刘因修建专祠，地方官府春秋致祭。李伸有功于刘因，也就是有功于圣道。他的弟子张绍烈在他去世后，在他的墓地建祠，为其师庐墓三年。为父母庐墓守孝不罕见，但为老师庐墓则不多见。两人都是刘因的私淑弟子，弘扬师道不遗余力，所以，孙奇逢把他们加进了配享的行列。刘因墓祠的修建和清明节的祭祀活动“兴千古之学脉”，进一步扩大了刘因对于当地士风民俗的影响，于世道人心大有裨益。

杨继盛是容城又一位名人，节烈之士。他是嘉靖二十六年（1547）进士，后来官至兵部员外郎，为人刚正不阿，耿介拔俗。嘉靖三十二年（1553），上疏弹劾严嵩五奸十大罪，结果被迫害而死。孙奇逢、鹿善继为杨继盛的节烈所倾倒，他们两人常常到杨继盛祠中凭吊这位英烈之士。孙奇逢有《杨忠愍集》，带在身边，时时诵读。鹿善继向他借阅，孙奇逢慨然相赠，并以“忠愍为世庙忠谏第一，君定不做第二人”相期许，所以后来鹿善继有“寰中第二非吾事，好向椒山句里寻”的诗句自我勉励。孙奇逢极力表彰杨继盛的节烈和学问，为他撰写了长篇传记《杨忠愍公传》。康熙五年（1666），孙奇逢的弟子魏一鳌、常大忠、刘元吉重修保定西关杨忠愍祠，他听说后非常兴奋，为此事撰写了《重修忠愍祠记》。

统观这两篇文章，比照《明史·杨继盛传》，可以发现孙奇逢在表彰杨继盛的节烈之外，特别强调他于道学的贡献。比如，《明史·杨继盛传》对于他随韩邦奇学习律吕之学，一笔带过，而孙奇逢却对这件事叙述得浓墨重彩。精研律吕，深邃于五音七声之间，杨继盛“岂仅以忠节见哉”？学者谈圣学，言必曰《六经》，但实则只是《诗》《书》《礼》《易》《春秋》五经而已，《乐经》则早已不传。正是乐的废弃不传，才会导致风俗之坏。光大音乐之教，有裨于人心教化，杨继盛以乐律补充圣学的缺失，恢复其本来面目，这是杨继盛对于圣学的一个贡献。

在贬谪狄道（今甘肃临洮）之后，杨继盛在素乏礼教、罕知诗书的地方拣选一百多个小孩子，教他们读书诵经。此事在《明史》中有记，孙奇逢的记述更详，特别表述了他建立道统祠，供奉伏羲、黄帝、周公、孔子以及周敦颐、二程、张载、朱熹，还有刘因和薛瑄。杨继盛于圣学道统是有功的，这是一般人所不知道的。孙奇逢表彰杨继盛，不仅单纯表彰他的节烈，同时还表彰他对于道统的贡献，节烈寓于理学之中，这正是孙奇逢的节烈观念，也是他高举的旗帜。

鹿善继是孙奇逢的道义之交，亦师亦友，亲密无间。他的殉国使孙奇逢悲痛欲绝，同时也成为孙奇逢着意表彰的对象。崇祯九年（1636）七月二十九日，定兴县城被清军攻破，鹿善继慷慨就义。顺天巡抚张其平奏请表彰，得准。“鹿善继赠大理寺丞，荫一子入监读书，仍建专祠，赐谥”。但当时朝廷内忧外患，地方官府于赋役科差尚应接不暇，根本顾不上礼乐教化之事，鹿善继专祠修建一事不过徒具令文而已。此事在孙奇逢不能无戚戚焉，这不仅仅因为他们是挚友，更因为在他看来鹿善继忠义英烈之气不能湮没于历史的尘封之下。崇祯十二年（1639），三年过去了，鹿善继专祠的修建仍然杳无音信，孙奇逢决定依靠绅衿等社会力量，在定兴城内鹿善继殉难处创修祠堂。其文集中保留有一篇《为鹿忠节建祠疏》：

> 惟我燕右，挺生哲人。生为理学名儒，死以忠节报国。立诚已明于尔室，奏绩随见于当官。说约一编，点点滴滴述孔孟；认真诸种，原原本本祖伊周。以静修养高尚志之心，蹈椒山杀身成仁之事。身非守土，甘矢念与城殉；家在城南，独锐意而北向。惟其死生之关已破，遂于君臣之意了然。节尽荒园，碧湛孤臣之血；神飞霄汉，赤倾九庙之灵。皇仁特许以专祠，祀典岂容于久旷。卜期创始，既劳父母公祖之主持；涓日告成，

尚冀友朋亲知之佐理。宜堂宜构，行看庙貌之辉煌，载经载营，先问同心之踊跃。

生为理学名臣，死以忠节报国，鹿善继以他的学行在世人面前树立起一座丰碑。他身虽死，但他的精神应该与日月同辉，引领社会向善、风俗向醇。孙奇逢所汲汲以求的也正在于此。

孙奇逢所表彰的不独是刘因、杨继盛、鹿善继，打开《夏峰先生集》，其中的传记也多是气节之士，如《赵忠毅公（赵南星）传》《鹿太公（鹿善继的父亲鹿正）传》《范文贞公（范景文）传》《金忠节公（金铉）传》《贺公景瞻（贺仲轼）传》等。他还广泛收集资料，为在高阳守城战中殉难的孙承宗撰写了年谱——《孙文正公年谱》。不但如此，他还撰写了《甲申大难录》一书，专门为甲申年明朝覆亡中为国殉难的烈士作传，以表彰他们的凛凛气节。

3. 随处拈起，表彰布衣

受阳明先生及其弟子的影响，孙奇逢认同“人人可以为尧舜，满街皆可以为圣贤”的看法。他相信每个人都可以通过教化而向善，同时，每一个人的一句善言、一个善行如果得到表彰，都可以起到教化众人的作用。所以，他不但重视名公巨卿的表彰，而且非常重视民间下层民众善言善行的表彰。

有朋自远方来，不亦说乎？孙奇逢喜欢朋友，朋友前来拜访，他总是很高兴，总有说不完的话，而交谈的话题常常是各地发生的节义故事。他说：“予平生无他嗜好，独喜与人谈节义事，自壮至老不倦。尤喜谈寒士立节。”他于这些故事，“盖自名公硕辅，以及农夫妇女，凡有一念一事之几于理道，而得于闻见之真者，则急取而录之也”。积少成多，编成一本书，命名为《取节录》，崇祯十年（1637）刊刻完成。后来，在经历了明清易代之后，更多的节义人物涌现出来，他又编辑了《取节录续编》。这里可以略举一例：有一个叫赵廷桂的人，为人极孝。他的母亲有疾病，久治不愈，他想尽一切办法为母医病，精诚所至，金石为开，最终他的母亲痊愈。他的孝行在十里八乡广为流传，被孙奇逢收入《取节录》中。后来京畿圈地，赵廷桂无家可归，听说孙奇逢流寓辉县，就长途跋涉找上门来，孙奇逢收留了他，给他饭吃，给他衣穿，又在自家附近给他盖了一处茅舍，取名“孝子庐”。其他的，比如妇女节烈之事更多。他编辑这两部书的目的在序言中说得很清楚：人无贵贱，行无巨细，所记一念一事，都是为了“兴豪杰而范世俗”。

“苏门三贤”是孙奇逢为教化民众特意推出的榜样人物。“苏门三贤”是指张果中、彭之灿和理图和，他们都生活于明清之际，都是下层士人。

张果中，先从鹿善继学，又是孙奇逢的弟子，前文已经多次提到此人。早在天启年间营救左光斗、魏大中等东林党人的时候，他因为不惧淫威舍生相救而“烈士之名满天下”，为世人所敬仰。之后，追随孙奇逢南下苏门，定居夏峰，直到终老，葬于夏峰村北。他的气节不仅仅表现在对东林党人的营救，还表现在入清之后的高蹈不仕。他在苏门，默默无闻，俨然一乡野村夫，毫无英烈伟岸的气度，然而这正是他英烈伟岸之处。孙奇逢说他：“三十余年老贡士，岂不能博一官以自润？而终身困穷厄塞而死，此正可以见于度也。”按照明清时期的制度，获得贡生的资格，也就取得了出仕的机会，或以知县用，或以教职用。尤其是在清初，朝廷急于笼络中原士人以收买人心、稳定统治，所以贡生出仕并不为难。然而，张果中始终追随乃师，以遗民自处。

彭之灿，字了凡，蠡县人，明末诸生。他的父亲彭抡，是一位举人，彭氏也算是蠡县大户人家，书香门第。遭遇朝代更迭的社会动荡，彭之灿携妻儿南下到了距离衡水很近的饶阳县，在那里做塾师，生活自然是困顿不堪。不久，妻儿相继离开了人世。办完丧事之后，孑然一身的彭之灿离开了饶阳，南下苏门，投靠孙奇逢。他曾有意入门称弟子，然而孙奇逢以与其父为同科举人、有世家之好为由，谢绝了他的请求。他在孙奇逢那里住了一段时间，也曾在附近找到一份塾师的工作，然而“性不谐俗”，后来还是离开了，渡河而南。在困顿颠沛之际，遇到了孙奇逢的门生韩鼎业。韩鼎业在一处寺院里为他找了一个住处，让他在那里教书度日。然而，一年之后，他再度离开，担着衣物、书籍，遍游嵩山、王屋山等名山胜水，却也更加贫困。他或南或北，往来必住在夏峰村，跟孙奇逢的联系是最为密切的。

到顺治十三年（1656）八月三十日，一个小和尚送来一封彭之灿的书信，他在信中说自己已经七天没有进食了。孙奇逢赶紧派仆人入山寻找彭之灿，要仆人把他带回夏峰村，同时还给他写了一封信，劝他赶快到夏峰，进食调理，并劝他不要在外漂泊了，还是回到蠡县故园。但这次彭之灿并没有听从孙奇逢的劝告回到夏峰村，他只是对来人说："体中已弱，不能下山。身后事已托于汝家主矣。"孙奇逢再派人去催促，最后孙氏仆人用担架把他抬回了夏峰村。在夏峰村疗养了一段时间之后，身体渐渐康复，孙奇逢送给他一首诗："大宅纷纭目哄然，谁能了得死生缘。朝闻夕可尼山训，又恐无端识路偏。"既肯定了他的学力与气节，又表达了对他的担心，担心他剑走偏锋，钻牛角尖，所以又劝他回到故园去。彭之灿斩钉截铁："某出门时，已告先垅，誓不再返，不能蹈东海、西山而死，即沟壑道路，无恨也。"

两年之后，也就是顺治十五年（1658）六月，彭之灿的死讯传了过来，他死在了啸台东北的石柱之下。

我们看此人一生，似乎也没有什么奇特伟岸之处，不过是动荡时代的牺牲品。正如孙奇逢所说，他自身有很多的缺点，“行径踽踽凉凉，为世人所吐弃”，“少知识，乏才技，以衣冠子，贫窭不能自养，遂甘心一饿，亦愚矣！”然而，孙奇逢从他的身上看到了最为可贵的东西：不食嗟来之食、不肯龌龊求活于天地间的气节，视生死如平常、勘透生死关的学力境界。

正是他的气节，他的勘透生死的学力，孙奇逢对他给予了大力的表彰，把他葬于苏门山麓，孙登的啸台东侧。他的气节可以和不食周粟而饿死首阳山的伯夷、叔齐相媲美，顶天立地，所以，他的埋葬方式也很独特：孙奇逢派人买了两口大瓮，把他的尸身扣于其中，直立而葬。葬礼规模很大，卫辉府很多士绅、平民都参加了。葬礼之后，孙奇逢题写了“饿夫墓”三个大字，刻碑立于墓前。从此，在苏门山水之间，又多了一处胜迹。民国初年，冯玉祥的军队打到了这里，冯玉祥亲自修整饿夫墓，题写了“民族精神”四个大字。一直到今天，我们还可以看到镌刻有冯玉祥题字的巨大碑刻立于饿夫墓之前。

孙奇逢率众士绅建起的饿夫墓

理邕和，字卿云，号寒石，西华县举人。因耻于与李自成同姓，改姓为“理”。据地方志记载：在李自成大顺军队控制河南之时，理邕和奉母走江南。此时已经是崇祯十七年（1644）年底，江南岌岌可危，南京兵部尚书兼苏松常镇等地巡抚张凤翔听说过理邕和的大名，于危难之际委任他为苏州府推官，“充监纪”。不久，理邕和坠城殉国。但关于他的下落，历来众说纷纭，也有人说他剃发为僧，逃亡日本去了。

孙奇逢和理邕和并未谋面，但对他的气节深为感佩。但凡有一念一事可以厉风教者，孙奇逢必加以表彰，何况理邕和这样的烈烈气节呢！他曾经着意搜集其遗文遗诗，希望能够汇集成卷，刊刻印行，使其思想气节存于天地之间，不至于湮没无闻。但所得有限，不能成册，不无遗憾。

顺治十六年（1659），有西华生员李樶来到夏峰，执贽称弟子。

孙奇逢特别兴奋，立即问起有关理邕和的信息。得知他失踪之后，家中尚有年迈的母亲、两个儿子和一个尚未改嫁的小妾，生活极度艰难。孙奇逢感叹唏嘘。在谈话中，他又听说新任西华知县是明末东林党人左光斗的儿子左国桢，孙奇逢大喜。他立即写了一封信给左国桢，除回顾与其父亲的友谊、强调两家世交之外，还特别以理邕和家属相托，“有子为高节，不能庇其老母，此固仁人君子所恻然而深念也”。请求左国桢给予他们更多的照顾。孙奇逢表彰气节之士可谓不遗余力。

但理邕和似乎与苏门并没有什么关系，怎么会把他列为“苏门三贤”之一呢？孙奇逢说：理邕和“尝寓百泉”。查考明末河南一带的历史，可以肯定地说，理邕和确实寓居过百泉。崇祯十五年（1642）四月，李自成三围开封，九月，黄河溃决，滔滔河水奔涌入城，数十万人葬身鱼腹。大水过后，昔日繁华的开封城连城墙都被泥沙掩埋，黄沙漫漫，一片荒凉。第二年，正是乡试大比之年，开封已经没有开考的条件，于是秋闱之所转移到了苏门山下的百泉书院举行。理邕和参加了这一年的乡试，并在第二年被特批为举人。毫无疑问，理邕和曾经寓居过苏门。不过，理邕和只不过是一介科考士子，在苏门山水之间并没有留下丝毫痕迹，把他列入“苏门三贤”是否有些勉强？

这其实正是孙奇逢的文化塑造之功。孙奇逢本是燕赵豪侠之士，后来虽然随着学养的提高，对于节侠有了很大程度的修正，但节义仍然构成他学问的重要组成部分。他一直强调：不重名节，不修行宜，绝不可以谈学问，没有名节之士，也绝不可以谈教化。所以他要完成化民成俗的宏大伟业，必须塑造一个节义高地，这个高地就是苏门，一个环境优美、文化深厚的地方。最终，经过他的塑造，苏门山水充溢着节烈之气。无疑，他获得了成功。

（三）崇节俭以培根基

晚明是一个奢靡的时代，这已经成为史学界的共识。官绅富商绮绣及于奴仆，玉食延于鸡犬，钟鸣鼎食，优伶歌舞，一次宴席动辄花费数千金；府第之内殿宇辉煌，园林之中亭台掩映，怪石嶙峋突兀起，弱柳婀娜戏微波；官人姬妾成群，姬妾翡翠山积；婚姻嫁娶争强斗胜，丧葬殡埋相互攀比。上层社会进入到物质享受的癫狂状态，下层社会纷纷效尤，风俗日坏。尽管明代中期以后批评之声此起彼伏，但奢靡之风却愈演愈烈。

孙奇逢在明末即已经意识到这一问题的严重性，他反复地告诫、鼓励自己的友朋、弟子和孝友堂子孙要抵挡流俗。他没有给流俗一个准确的概念，也没有罗列流俗的种种表现，但可以肯定的是：奢靡之风是流俗的重要内容之一。

自处俭朴是他抵挡流俗、反对奢靡的根基。俭以养德，俭朴是学问道德的保证，而骄奢淫逸、奢靡无度是学问道德的大敌。饮食、穿衣看似小事，但在孙奇逢看来却是关乎学问道德的大事情。他说："从古介节之士，未有不先于饮食立坊，盖饮食于人似小，而饥渴害心最大，此危微之介，理欲之关，孔孟学术，其得力处，全在此。"所以，终其一生，他时时以俭朴自处。

孙氏本来家境不殷，还在北城的时候，有一位官宦子弟去拜访他，回去跟他的父亲谈起北城之行的感受，令他感叹不已的是孙家房舍都是茅草覆顶，不见片瓦。孙奇逢父母接连去世，丧葬花费不菲，兄弟又六年庐墓，无有进项，数十口人只依赖有限的耕地为生，其贫窭之状令人忧虑。明末动乱时期多次避难五公山，田地无暇耕种。清初，田园被占，举家南徙百泉，颠沛流离，常常至于举家断炊的境地。但他不以为意，春夏秋冬，终年布衣，不见锦绣着身。每天粗茶淡饭，不是有远客来，从来不曾自用酒肉。面对贫穷困顿，他从来不怨天，不尤人。他说：

> 学者动辄曰：目前为贫所苦，为病所苦，为门户所苦，为忧愁拂逆所苦。不知学之实际，正在此贫、病、拂逆种种难堪处，不可轻易错过。若待富贵安乐始向学，终无学之日矣。

贫穷使人愁烦，但他处之怡然，因为贫穷正好助人坚守俭朴，而俭以养德，他把贫穷看作道德学问进步的台阶。

他教育子女俭朴。前文提及，他的长女嫁给了贾鸿洙的儿子贾尔霖，贾家是清苑仕宦大族，广有田产，家业富厚。临出嫁时，孙奇逢送给她一套粗布衣服，告诉她：你家贵盛，锦衣玉食，但你回娘家的时候不要穿锦绣衣服，要穿上这身布衣。送给你这身布衣，是要你不要忘记我们家“累世布素”的家风传统，在富厚中学会处贫贱，勤俭持家，永葆家声。他的女儿时刻铭记父亲的教导，在丈夫去世后，抚养幼儿，孝敬公婆，始终过着俭朴的生活。到她八十多岁去世时，告诉子孙，含殓不穿锦绣，仍然给她穿上她父亲送给她的那套粗布衣服。

孙奇逢告诫他的挚友，相偕俭朴，以化奢风。北城村宝藏寺有他祖父创立的宝藏社，一直到他这一代，宝藏社仍然持续着。后来他为此社制定了《宝藏社十约》，其中就特别讲到守贫、俭朴及其与学道的关系：

> 孔子曰：蔬食饮水，乐在其中。又称颜子曰：陋巷箪瓢，不改其乐。所谓贫即是道也。故从古英雄豪杰，大抵从困穷拂郁中来。彼士不志道而耻恶衣恶食者，又何处觅道乎？吾辈幸自爱，勿使无恒产有恒心者，且不见信于士也。吾辈即善贫，未必遽填沟壑。有能不忘在沟壑者乎？

贫即是道，他以他的俭朴的观念影响着亲朋好友。

孙奇逢以友朋为性命，交游广泛，常有朋友聚会，聚会则不免有宴饮。明末风尚奢侈，宴席铺张浪费，孙奇逢与鹿善继决定抵挡流俗、倡导节俭就从宴饮开始，约定宴席盘碟之制。

南下苏门后，他又为新结苏门十老会制定会约，即《苏门会约》，其中再次强调宴饮宜俭的原则："五人一席，荤素六器，饭二，酒随意，亦古人二簋用享之意。依（我）居常与亲友以此为则，事求可继，道贵相安。为之约崇俭。"苏门十老会一直坚持孙奇逢所定会约，厉行节俭。

不但如此，他还向全社会提出宴席节俭的倡议，《六器约》编入了他的文集之中，使我们得以见到他当年的这个倡议："六人一席，荤素六器，面不足则佐以脱粟，酒以德将，勿令过醉。当此天灾人害，骇目惊心，正士君子省躬救过之会也。"

康熙四年（1665），孙奇逢回到了阔别已久的故乡家园，故旧亲朋设宴招待，因为久别重逢，宴席较为丰盛。为此，他再次申明俭朴之意，宴饮不过六器，即使是新亲远朋，不丰盛不足以表达亲情敬意，最多也不宜过八个菜，而且碗用浅碗，盘用小盘。"今当圈占之后，士绅无不贫之家，却奢于往昔，此非好消息也，吾滋惧矣。愿我同志，一席省两器，终岁终月，所留尽多。于人心风俗，岂曰小补之哉！"以贫穷为士人修道的阶梯，以节俭朴素为移风易俗的途径，这正是孙奇逢改造社会的宏愿。

对于来游的朋友弟子，他从来没有因为衣着的破旧而鄙视，相反，对他们更为亲切，更多表彰。比如康熙五年（1666），段伯玉来访，见他一身布素，孙奇逢异常敬重，当即赠诗一首："蔬食布袍意，知从明处来。狂澜一砥柱，生面又重开。"在孙奇逢看来，蔬食布衣不仅仅是吃饭穿衣的小问题，更是对儒家大道的践履，是根绝晚明奢靡之风、移风易俗的必由之路，所以他把段伯玉誉为中流砥柱，极力表彰和鼓励。

他在儿女婚姻中反对论财，厉行节俭。当时风俗，崇尚婚姻论财，崇尚炫耀财富，仪式越来越大，花钱越来越多。在这场财富比拼的癫狂盛宴中，"士大夫牵于流俗，随波逐流，宁甘破家"，可见抵挡流俗的艰难。

婚姻是家庭的基础，与修齐治平关系至为密切。在这个问题上，孙奇逢所强调的是道义相偕。道不同不相谋，道相近通婚姻，他的姻亲基本上都是他的论学挚友、弟子门生，所以，婚姻也是道义之交。竭力抵挡流俗，婚姻不论钱财，其实也是对于道义的天理仁道的践行。

一个人骄奢淫逸，为欲望所牵，则道德学问无须问矣，两个亲家婚姻论财，铺张浪费，则天理仁道都无暇问及了。一旦无仁义道德可言，则父子、夫妇、兄弟之道都抛之云霄了，则父子不和、琴瑟不调、兄弟相向，就会祸起萧墙。相反，婚姻论仁不论财，则“彼此相体，久而益亲，便是真骨肉，便是好风俗”。他在指导儿子奏雅与弟子杨峄亭两家的婚姻的时候，“一如昔鹿忠节所定规则”，“四季衣服，两家共办，一切用物，随分酌量，不必勉强”。孙奇逢在婚姻问题上，毅然抵挡流俗，拒绝婚姻论财，迥异于世俗，为时人做出了榜样。他的好朋友茅元仪对他的做法充满敬意，就把自己的小女儿嫁给了孙奇逢的小儿子尚雅。他向孙奇逢保证说：“江南锦绮，当不使丝毫入君家，以玷清德。”后来孙奇逢告别家乡南徙，最初的目的地就是江南归安茅元仪的家乡，去为小儿子完婚，同时也借此寻找一处可以安身立命的乐土。

婚姻不是一个人的暗室独修，而是两个家庭，甚至是两个家族对于天理仁道的共同践行，对三里五乡的街坊邻居、亲戚朋友都会有很大影响。孙奇逢倡导婚姻不论钱财的思想观念，又联络亲家不遗余力地践行。他们都是当地士绅，一方领袖，所以他的倡导和践履对于当地社会风俗的向厚向善有着巨大的引领作用。

三、识得时务易风俗

民风民俗具有巨大的影响力，就如大风刮起，花草树木无不受其影响，即所谓风行草偃。而且，民风民俗一旦形成，就会产生巨大的历史惯性，要想彻底消除某种风俗，难之又难。即如汤斌在江南禁毁淫祀，上有康熙皇帝的诏书，下有汤斌的雷厉风行，不遗余力，然而，汤斌去职之后，五通神祠渐次恢复，香火如故。

孙奇逢以抵挡流俗为己任，联络志同道合的朋友、弟子移风易俗，他没有皇帝撑腰，没有朝廷公卿的地位，没有地方官府的权威，其难度可想而知。然而，孙奇逢能够以其睿智谋划方略，顺命而为，因势利导，坚忍不拔，历久不懈，终于能够化民成俗，有所成就。他的移风易俗的方略概括起来，主要有如下三个方面。

（一）识时务，因势利导

首先是清楚自己能做什么。孙奇逢相信神秘的“气数”，天地自有天地之理，社会自有社会之轨，圣人也不能有所改变。孔孟生于春秋战国时期，动荡不安，杀伐不止，礼仪崩坏，生灵涂炭，但孔孟老死道途，却不能力挽狂澜，使社会回归礼制，回到唐虞三代。孔孟尚且不能扭转乾坤，况且他人呢？所以，凡事不可强为，不可按照自己的意志一味蛮干，只能顺命。他非常喜欢引用的一句名言是“识时务者为俊杰”。他说：“一时有一时之务，一人有一人之时，欲稍违拂焉而不可得也。”即气数不可改变，天命不可违背之意。但另一方面，士人又不可无所事事，面对流俗颓风，如果一味地圆融随俗，只能随波逐流。归纳起来，就是移风易俗，教化民众，不可违势强为蛮干，更不可圆融软熟，听之任之，要因应形势，以敏锐的感觉把握天运气数，把握时代动向，因势而为。就孙奇逢所处的时代而言，他作为一介书生，不可能扭转乾坤，这是气数，不可以违背。但他可以高举孔孟大旗，光大儒学影响，延续圣道学脉，并用它来抵挡流俗，教化民众。

然后是包容宽和，因势利导。化俗者需要讲求策略，不可对于不符合儒家正统的民间习俗绝对排斥，嫉恶如仇，必须包容、接受这样的不太正统的习俗，在此基础上加以引导，引向儒家正统的礼仪中去。如民间的拜佛烧香，这种风俗各处都很盛行，也是理学家最为反感、非去之不可的民俗。孙奇逢分析了信仰佛教的两类人群：一类是乡村愚夫愚妇，不明于善，而以号佛烧香、斋僧建寺为善事，不顾父母之义。另一类是聪颖之士，饱读佛经，遁迹禅门，而不悟性善之旨。聪颖之士为之倡，愚夫愚妇为之狂，面对如此根深蒂固的佛教信仰，理学家能够全部推倒，根除净尽，从而建立儒家礼仪吗？没有可能。孙奇逢认为正确的做法应该是包容、接受，再图改造。

他曾经给家乡静窗禅寺里的大士庵写过一篇重修碑记。文中大士庵的重修信息被一笔带过，他用了大量笔墨说明佛教信仰可资利用，以引导民众，化民成俗。他引用翟楫合家不食牛肉而得观音菩萨赐给子嗣的故事，说明不吃牛肉正合于齐宣王的不忍杀牛的怜悯之心。而佛教信徒"存好心、行好事，以免罪谴"的心理则可以加以利用，扩而充之，天地之生机可复，尧舜之政教发端。又如佛教信徒崇信善恶报应。针对这一点孙奇逢引用了杨舜原的一段话说："见在之福，积自祖宗者，不可不惜；将来之福，贻之子孙者，不可不培。""见在之福如点灯，将来之福如添油。"这就把佛教信徒引入儒学的家庭伦理中来了，促使他们因知道享受祖先阴德而感激、尊重祖先，同时又多做善事而贻福子孙。如此，儒家的伦理观念和祭祀仪式就在佛教的躯壳中渐次复兴，羲皇世界就不远了。

讲求策略，包容旧的习俗，并充分利用旧习俗的有利因素渐次培育新的、儒家的道德礼仪。这是孙奇逢为化民成俗的伟大事业找到的一条可行之路。

（二）树榜样，秉笔直书

孙奇逢把方志的编纂视为社会教化、移风易俗的重要途径。在修撰过程中，他极力表彰那些忠义节孝的人物，为整个地方社会树立学习的榜样，用榜样的力量引领人们的价值取向，带动民俗向善。顺治五年（1648），寓居新安的孙奇逢受到新安知县王家桢邀请，和当地乡绅高景一起编纂《新安县志》，他欣然接受了这一邀请。地方志书如同一国之史，一家之乘，内容广泛，涉及山川地理、建制沿革、田土户口、差徭赋役、物产风俗、学宫典礼、祠祀庙宇、职官选举、名宦先贤、人物艺文等很多方面的内容，非为表彰忠孝节义的专书，但在孙奇逢那里，大大强化了方志的表彰功能，不但在人物志中大力表彰，而且在地理、祠祀、职官、学校、选举、艺文等各个部分里都充分渗透了表彰忠孝节义的内容。

与众不同的是，在表彰忠孝节义的时候孙奇逢更注重发现下层百姓，也就是他所说的愚夫愚妇中的好的典型。他为《新安县志》所撰写的序言中，通篇都在讨论这一问题。他先以《高阳志》中记载的齐姓孝子引出问题，此人不过是一个市井工匠，以制售促灯为业（古时没有火柴，以促灯为引火工具），艰难度日，地位卑微，然而他每日以微薄的收入买“酒饼”以奉养老母。然后，他借孙承宗之口，表达了一番宏论：尽忠行孝不以地位高低、身份贵贱而有别。每人各具良知，仁义礼智生而具备，不学而知，不虑而能，愚夫愚妇皆可以为节孝忠义之事。操持地方教化之权的官士绅大夫应当把这些民间的孝悌典型树立起来，启发民众兴贤兴孝的良知，触动民众事亲从兄的愿望，从而达到人人亲长而天下平的理想。所以，厚风俗而化民众，不可以因为愚夫愚妇的微末、孝行的琐屑而忽视之。从《新安县志》看，人物志的分量确实非常大，而人物志中列传、节妇等表彰下层善人的内容分量最大。我们今天对这些内容可能不大感兴趣，但在当时它的教化效果是明显的。

同时，他强调表彰忠义应该做到不虚美、不夸大，秉笔直书。世人在为其父母祖先刻碑立传的时候，往往过度溢美；地方志编纂的时候，地方有势力的大族也往往会依靠家族在当地的影响力，把父母祖先写入人物志中。这样，人物志中所记的忠烈、节义、孝行很多是名不副实，甚至为恶一方、人人谈之色变的恶霸人物也写入了义行里面。这如何能起到教化百姓、引领价值向善的作用？意识到这一点后，孙奇逢对人物志的入选标准进行了严格的规定，这个规定以凡例的形式保存在《新安县志》卷首。其中规定：其一，节妇义夫、孝子孝妇非盖棺不得书，以防止矜名之人混入。其二，孝友义让不可自为祈请，因为凡是自旌者往往是中不足而未闻道的人。其三，入选人物志的人，子孙所提供的材料不得过为溢美。“面黑者不得误之以白，嗜酒者不得矫之以醒，一味为祖父争体面而失其面目之真。”其四，名宦须造福于地方人民，乡贤务有裨于人心风俗。其五，采访诸人各宜虚公，不得把自己的好恶掺杂其间。在采访编纂的过程中，孙奇逢和众士绅矢公矢慎，把真正的忠孝节义之士选入了人物志，并严格按照秉笔直书的精神进行书写，使地方志真正起到了旌表忠义、教化民众的作用。

（三）培氛围，环境化人

“蓬生麻中，不扶自直”“近朱者赤，近墨者黑”，这些成语都在述说着古人的智慧。“孟母三迁”的故事在民间广为流传，妇孺皆知。古人对于环境在个人的成长和品德形成过程中的作用有着深刻的认识。

孙奇逢在教化百姓、移风易俗的实践中对于环境的作用同样有着深刻的认识。他在《日谱》中写下了这样一段话：

> 天下无不可为君子之人，而有不能为君子之势。习与众君子居，则难乎其为小人也，非甚庸愚，即欲不为君子，不可得也；习与众小人居，则难乎其为君子也，非甚明睿，即欲不为小人，不可得也。

在他看来，良知人人生而具备，君子、小人不是生而注定的，是后天养成的。其中的关键是环境，生于君子之乡，想做小人都难，生于小人之乡，想不为小人也难。

既然有这样的认识，所以孙奇逢在教化百姓、移风易俗的实践中充分利用环境育人的规律。容城孙氏孝友传家，从孙奇逢的祖父开始，良好的家风即已开始形成。孙奇逢又酷爱交游，而且取友有道，日夕交往的都是节义忠孝的朋友。他们谈论的是忠孝，做出来的是忠孝，这样，在孙奇逢周围就形成了一个忠孝节义的育人氛围，周围人多受其影响。

孙奇逢有一个本家兄弟孙奇鹏，酗酒无度。孙奇逢苦口婆心地教育、惩戒，最终孙奇鹏誓不饮酒，痛改前非。在明末动乱中，他常常追随孙奇逢入山入水，手持铁棍，不离孙奇逢左右。孙奇逢南迁后，孙奇鹏留守家园，几年后，孙奇鹏让人捎话过来：他“戒酒如昔，不敢忘教诲之德”。孙奇逢非常欣慰，有诗记其事。

南下苏门后，孙奇逢屡征不起，声望日隆。他广交朋友，朋友圈涵盖官绅百姓；多收弟子，弟子群遍及大河南北。借此关系网络，他构建了以忠孝仁义等儒家伦理为核心价值观念的话语体系，形成了一个化人为善的文化环境。这个文化环境熏陶着这里的每个人，从而深刻地影响着这里的民风民俗。

后　　记

浸润在明清理学的大海之中已有数年时间，这本书算是一个阶段性的成果吧。在就要完成这本书的时候，顿时一种轻松之感油然而生，但几乎是同时，良多的感慨又一阵阵地袭来，一种隐隐约约的使命感似乎

虽然是新乡市文物保护单位，但孙奇逢的墓地未能摆脱厄运，至今仍然被压在一堵大墙之下

也已经扛在肩头了。

鸦片战争以来，中国学术的主流就是学习西方，从科学技术到政治制度，再到思想文化。新文化运动中，“德先生”“赛先生”被请到中国，在中国思想文化阵地新与旧激烈交锋，引发了汹涌的波涛，激荡怒吼。鲁迅先生借狂人之口所说的“吃人的旧礼教”迅速传遍华夏大地，“打倒孔家店”也成为几乎整个社会的共识，除旧布新，中国的传统文化被一波又一波的西方文化浪潮所冲击，溃不成军。新文化运动代表了中国进步的时代潮流，是时代的最强音，没有新文化运动，不冲破旧文化的藩篱，中国便不能进步。在这个过程中，传统文化，尤其是作为传统文化主流的宋明理学，基本上被整体否定了。所以，我们一代又一代的中国知识分子对于理学，往往以“吃人”之学目之，从来没有多少好感，而对于鄙视科举与道学的贾宝玉推崇备至。

然而，在孙奇逢身上，我们读到了和以前脑海中的形象不一样的理学先生。

在他这里，我们读到了自觉承续中华文化的使命感。一个民族生生不息的力量源泉在于它特有的文化，有强大的文化才有强大的民族。华夏先民在历史上屡遭入侵，历经磨难，然而，仍然能够坚韧地发展下来，绵延不绝，历久而弥新，正是由于以儒家为主流的华夏文化的支撑。其中的脊梁，正是像孙奇逢这样的知识分子。他生逢乱世，道丧学荒。面对这种境况，孙奇逢以年过花甲之身，刻苦勤奋，撰写了《理学宗传》《读易大旨》《四书近指》《书经近指》《中州人物考》《畿辅人物考》等著作，卷帙浩繁。尤其是《理学宗传》，历三十年功夫而成书，构建起从周敦颐、二程、张载、邵雍、朱熹、陆九渊到薛瑄、王阳明、罗洪先、顾宪成十一位宋明理学家组成的理学传承系统，调和朱陆之争以成儒学道统。孙奇逢以强烈的使命感高举儒学大旗，著书立说，昌明道统，广收门徒，弘扬圣道，教化百姓，普及圣学。

在他这里，我们读到了中国传统士人特有的烈烈气节。孟子倡导大丈夫之气，仁义为本，以志帅气，留下了“富贵不能淫，威武不能屈，贫贱不能移”的铮铮名言，培养着一代又一代知识分子的刚烈气节，也培植着中华民族的不屈脊梁。天启朝阉党祸国，诏狱大兴，缇骑四出，东林党人惨遭毒手，孙奇逢以一介书生，秉承燕赵慷慨之气，毅然奔走于阉祸炽烈的恐怖之中，世人称为“范阳三烈士”之一。清朝时，朝廷屡次征召，但他以大明遗民自处，高蹈不仕，虽然终身贫穷，却更彰显冰清玉洁的气节。晚年，孙奇逢的气节观有了进一步的发展，他把气节和学问联系起来，提出“不重名节，不修行宜之人，决不可以谈学问”的论断，认为名节是学问的藩篱、防线。因而他也更加重视名节。他把对于气节的践行贯穿于日常生活之中，学养愈深，功夫愈真，“饥饿穷愁困不倒，声色货利浸不倒，死生患难考不倒”，这是他对气节人生的体验和实践的总结，也是他一生的写照。同时，注意纠正东林党人的气节之偏，把中庸之道注入气节观念之中，把气节论推向了一个新的高度。

在他这里，我们读到了他浑身充溢的中和之气。儒家讲中和位育，《中庸》讲：“喜怒哀乐之未发谓之中；发而皆中节谓之和。中也者，天下之大本也；和也者，天下之达道也。致中和，天地位焉、万物育焉。”这一中庸思想被孙奇逢发挥到了极致。这倒不是说他在理论层面上进行了多少创新，而是说他对于中和思想的躬行践履。

实学思潮的兴起是明末清初学术的鲜明特点，在所有清初的学者中，孙奇逢是最为突出的实学思想的践行者。他在日常生活中对于中和思想的践履使我感叹不已。在他那里，位天地，育万物，总不过一个“仁”字。

治理家庭，他把仁爱贯穿于家庭关系的处理，父慈子孝，夫义妇顺，兄友弟恭，一家五世同堂，数十口人和谐相处，远近数百里，无有不羡慕的。

待人接物，他反复强调宽和、包容，只看人之长，不责人之短，反复强调要涵养人，涵养人才能转移人，教化人。他用他的生命在践行宽和包容的中和之道，每有忿戾，就会自省悔过，所以凡是见过他的人都说他和蔼友善，都喜欢与他相处，喜欢受教于他。

在政治层面，他深刻反思了明末庙堂之上的恶斗，不仅批判阉党的奸邪恶毒，也批评东林党人的尚气好争，提出君子要包容小人，涵养小人，化小人为君子。可以说，他把儒家中和之道真正推向了日常生活之中，时时践行，时时提醒，温良润泽，和气满面，他就是中和之道的形象化表达。

这就是孙奇逢，一个和我们以前批判的道学先生完全不同的真实的道学先生，他学养深邃，躬行实践，以道修身，融道于身，从他身上，我们感受到了真正的儒家之道，感受到了令人肃然起敬的人格。

今天，中华民族正处于走向全面复兴的伟大时刻，我们在学习吸收西方文化的同时，也应该意识到，是时候找回我们的文化自信了，掸去历史的灰尘，重新发现我们的思想和观念，我们的历史和文化，以此为基础，重建既有大同精神，又具有鲜明个性的中华文化，向世界文明贡献我们自己的理念和思想。

参考文献

一、古籍类

[1] 孙奇逢 . 夏峰先生集 [M]. 北京：中华书局，2004.

[2] 张显清 . 孙奇逢集（上中下）[M]. 郑州：中州古籍出版社，2003.

[3] 孙奇逢 . 理学宗传 [M].《续修四库全书》本 .

[4] 孙奇逢 . 读易大旨 [M].《四库全书》本 .

[5] 孙奇逢 . 书经近指 [M].《四库全书存目丛书》本 .

[6] 孙奇逢 . 四书近指 [M].《四库全书》本 .

[7] 孙奇逢 . 孙征君日谱录存 [M].《续修四库全书》本 .

[8] 孙奇逢 . 畿辅人物考 [M]. 同治八年刻本 .

[9] 孙奇逢 . 中州人物考 [M].《四库全书》本 .

[10] 杨伯峻 . 论语译注 [M]. 北京：中华书局，2015.

[11] 杨伯峻 . 孟子译注 [M]. 北京：中华书局，2015.

[12] 王世舜，王翠叶 . 尚书译注 [M]. 北京：中华书局，2012.

[13] 周振甫 . 周易译注 [M]. 北京：中华书局，1991.

[14] 王守仁 . 王阳明全集 [M]. 吴光、钱明、董平、姚延福，编校 . 上海：上海古籍出版社，2012.

[15] 黄宗羲 . 明儒学案 [M]. 沈芝盈，点校 .2 版 . 北京：中华书局，2008 年 .

[16] 徐世昌，等 . 清儒学案 [M]. 沈芝盈，梁运华，点校 . 北京：中华书局，2008.

[17] 魏象枢 . 寒松堂全集 [M]. 陈金陵，点校 . 北京：中华书局，1996.

[18] 鹿善继 . 四书说约 [M].《续修四库全书》本 .

[19] 鹿善继 . 鹿忠节公集 [M].《续修四库全书》本 .

[20] 魏裔介 . 兼济堂文集 [M]. 魏连科，点校 . 北京：中华书局，2007.

[21] 王余佑 . 五公山人集 [M]. 李兴祖，编 . 康熙乙亥刻本 .

[22] 汤斌 . 潜庵先生全集 [M]. 同治辛未刻本 .

[23] 耿介．敬恕堂文集 [M]. 梁玉玮，孙红强，陈亚，点校．郑州：中州古籍出版社，2005.

[24] 耿介．中州道学编 [M].《四库全书存目丛书》本．

[25] 耿介．嵩阳书院志 [M]. 清康熙间刻本．

[26] 刁包．用六集 [M]. 道光二十三年刻本．

[27] 颜元．颜元集 [M]. 北京：中华书局，1987.

[28] 孙承宗．高阳集 [M].《续修四库全书》本．

[29] 钱仪吉纂录．碑传集 [M]. 台湾：台湾明文书局，1985.

[30] 陈鋐．鹿忠节公年谱 [M].《丛书集成初编》本．

[31] 贾开宗．溯园语商 [M]. 顺治十七年刻本．

[32] 李绿园．歧路灯 [M]. 栾星，点校．中州书画社，1980.

[33] 高景．新安县志 [M]. 顺治间刻本．

[34] 王克淳．容城县志 [M]. 乾隆二十六年刻本．

[35] 周际华．辉县志 [M]. 光绪二十一年刻本．

[36] 程启朱．卫辉府志 [M]. 顺治十六年刻本．

[37] 毕沅，刘钟之．卫辉府志 [M]. 乾隆五十三年刻本．

[38] 宋恂．西华县志 [M]. 乾隆十九年刻本．

二、著作类

[1] 龚书铎．清代理学史 [M]. 广州：广东教育出版社，2007.

[2] 李之鉴．孙奇逢哲学思想新探 [M]. 开封：河南大学出版社，1993.

[3] 谢国桢．孙夏峰李二曲学谱 [M]. 上海：商务印书馆，1934.

[4] 梁启超．饮冰室合集 [M]. 北京：中华书局，1989.

[5] 陈祖武．清初学术思辨录 [M]. 北京：中国社会科学出版社，1992.

[6] 林存阳．清初三礼学 [M]. 北京：社会科学文献出版社，2002.

三、论文类

[1] 张锦枝．统宗会源：孙奇逢理学思想研究 [D]. 武汉：武汉大学博士学位论文，2011.

[2] 张佐良．清初河南社会重建研究 [D]. 北京：中国社会科学院研究生院博士学位论文，2009.

[3] 陈瑞波．孙奇逢理学思想研究 [D]. 济南：山东大学博士学位论文，2012.

[4] 张枫林．孙奇逢理学思想研究 [D]. 天津：南开大学博士学位论文，2013.

[5] 陈祖武．蕺山南学与夏峰北学 [J]. 中国社会科学院研究生院学报，1998(5).

[6] 史革新．孙奇逢理学思想综论 [J]. 郑州大学学报（哲学社会科学版），2007(4).

[7] 张显清．杰出教育家孙奇逢述论 [J]. 清史研究，1993(2).

[8] 王钟翰．康熙与理学 [J]. 历史研究，1994(3).

[9] 朱昌荣．程朱理学官僚与清初社会重建——基于学术思想史与社会史结合的考察 [J]. 历史研究，2013(4).

[10] 嵇文甫．孙夏峰学派的后劲——马平泉的学术 [J]. 学原，1948(10).

[11] 嵇文甫．颜习斋与孙夏峰学派 [J]. 郑州大学学报，1962(1).

[12] 郑永福．嵇文甫先生旧学师承渊源考略 [J]. 史学月刊，1995(6).

[13] 桂涛．“元初—清初”的历史想象与清初北方士人对清朝入主的认识——以孙奇峰为中心的考察 [J]. 清史研究，2013(3).

[14] 王坚．论夏峰北学 [J]. 辽宁大学学报（哲学社会科学版），2009(3、4).

[15] 史革新．“廉吏”汤斌理学思想略议 [J]. 郑州大学学报，2008(6).

[16] 吴建华．汤斌毁“淫祠”事件 [J]. 清史研究，1996(1).

[17] 王胜军．嵩阳书院与清初洛学复兴 [J]. 教育评论，2013(4).

[18] 郑颖贞．窦克勤家族与朱阳书院 [J]. 商丘师范学院学报，2010(4).